Alois Epple

Eine kleine Kunstsammlung

Madlener, Drexel, Jäger, Nittbaur, Lohmanns, usw.

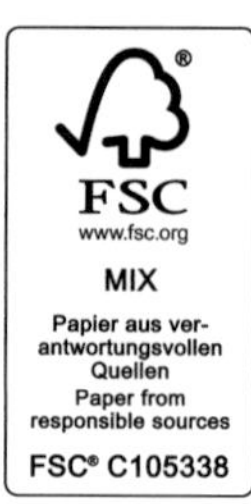

© 2025 Alois Epple
Verlag: BoD · Books on Demand GmbH,
Überseering 33, 22297 Hamburg, bod@bod.de
Druck: Libri Plureos GmbH,
Friedensallee 273, 22763 Hamburg
ISBN: 978-3-8192-2904-6

Vorwort

Im Alter von sieben Jahre wurde ich das erste Mal porträtiert und bekam das Bild geschenkt. Ich entsorgte es später in der Mülltonne. Mit 20 Jahren ließ ich mich wieder porträtieren. Dieses Bild hängt noch in meinem Haus. Zwölf Jahre später kauften meine Frau und ich eine Zeichnung von einem Hobbymaler in Kempten. Seitdem begann ich ein wenig zu sammeln, aus finanziellen Gründen hauptsächlich Kupferstiche,[1] selten Zeichnungen und ganz selten Farbiges.

Meine teuerste Zeichnung kaufte ich 1987. Ich war dabei, die Ausstellung „300. Geburtsjahr von Johann Georg Bergmüller" zu organisieren. Da tauchte bei Böhler in München der Entwurf für das Hauptfresko in der Pfarrkirche in Fulpmes auf. Die Marktgemeinde Türkheim war nicht gewillt, diese Zeichnung zu kaufen. Also griff ich zu. Sie war dann öfter ausgestellt und wurde schließlich versteigert.[2]

Sammeln ist schön, wenn man nicht das nötige Kleingeld hat, wenn man sich das Sammlungsstück ersparen muss, weil man es haben will. Und schön ist es auch, wenn man Kunst geschenkt bekommt, weil man mit dem Künstler befreundet ist.

Eine private Sammlung – und sei sie noch so unbedeutend – hat meist den Nachteil, dass die gesammelten Arbeiten in einem Haus, oft unter dem Sofa, lichtgeschützt verschwinden, der Öffentlichkeit so entzogen sind und Wissen über sie einmal verloren geht. Dies soll hier nicht sein. Zu meinem halbrunden Namenstag erlaube ich mir deshalb, einen Teil meiner bescheidenen Sammlung zu veröffentlichen.

Türkheim, Alois Epple

---

[1] Alois Epple: Augsburger Kupferstiche aus der Sammlung von Alois Epple 1. und 2. Teil, Norderstedt 2018, 2019

[2] Neumeister, München, Katalog der Auktion 386, 4. Dez. 2019, Kat. Nr. 112, S. 146-157

Gertraud Drexel (1921 – 2002)

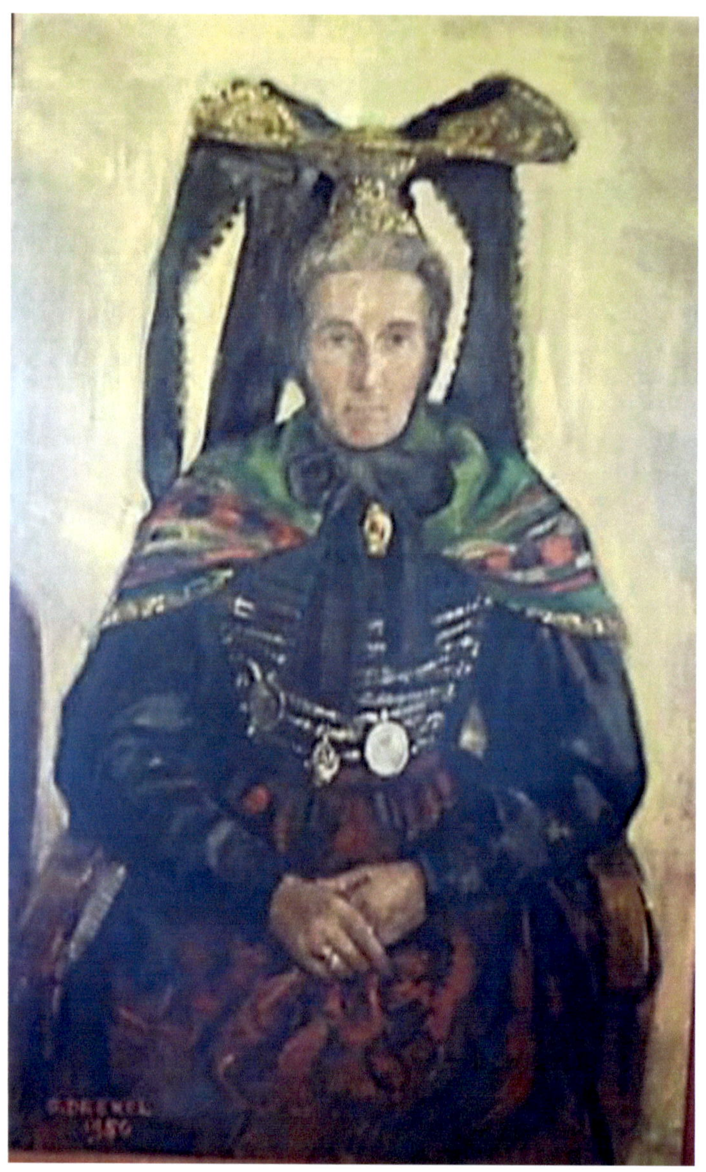

Öl auf Lwd., 84 x 132 cm; bezeichnet: *G.DREXEL 1950*

Im Jahre 1950 feierte man in Türkheim 250-Jahre-Markterhebung. Aus diesem Grund fand eine Handwerks- und Gewerbeschau in der Knabenschule statt. Zu dieser Ausstellung malte Gertraud Drexel dieses Bild. Es zeigt Kreszentia Epple (1909 – 1996) in mittelschwäbischer Tracht. Die Schwierigkeit lag hier nicht im Malen des Gesichts, sondern in der Wiedergabe der Kleidung.
Dieses Bild erwarb ich 1971 von Frau Drexel.

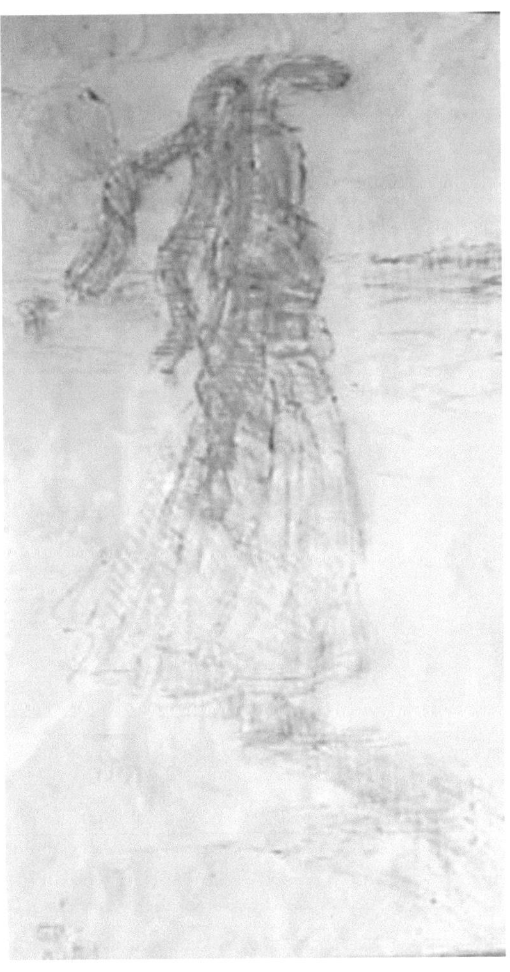

Frau in mittelschwäbischer Tracht
Kugelschreiber auf grauem Packpapier, 23 x 41 cm; beschriftet: *GD 1951*

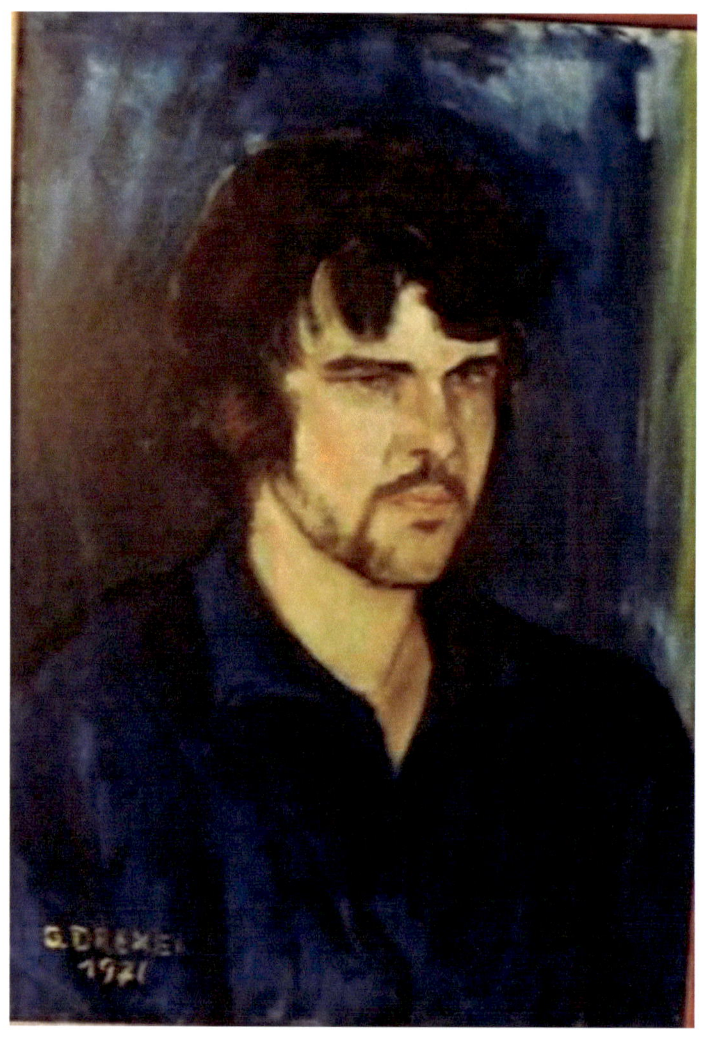

Öl auf Lwd.; 50 x 69,5 cm; bez: *G. DREXEL 1971*

Das Bild zeigt Alois Epple (* 1950) kurz vor seinem Abitur. Er besuchte manchmal Frau Drexel, die etwas vereinsamt in ihrem Haus in der Wörishofer-Straße in Türkheim wohnte. Sie hatte fast keine Lust mehr, zu malen. Da machte er ihr den Vorschlag, dass er ihr Farben und Leinwand bezahlt und ihr Holz hackt, wenn sie ihn dafür malt. So entstand dieses Bild in nur drei relativ kurzen Sitzungen.

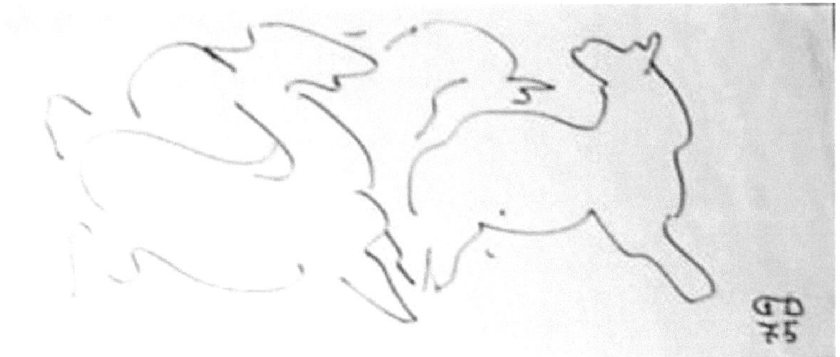

Schwarze Tinte auf Kartonpapier; 50 x 21,2 cm; sig.: *G*[Gertraud]
D[Drexel] [19]*75*
Die Künstlerin, welche an der Münchner Kunstakademie studierte, wurde
hier wohl von den Tierdarstellungen von Franz Mark angerecht.

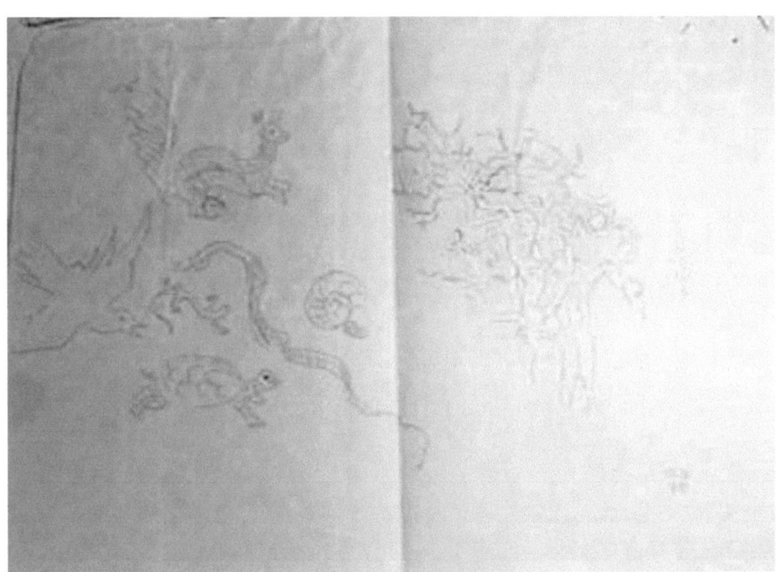

Bleistift auf Papier, 60,5 x 42 cm; sig.: *G*[Gertraud] *D*[Drexel] [19]*70*
Tierstudien (Eichhörnchen, Vogel, Schildkröte, Schnecke, Eidechse,
Schnecke, Schlange) und Baumäste.

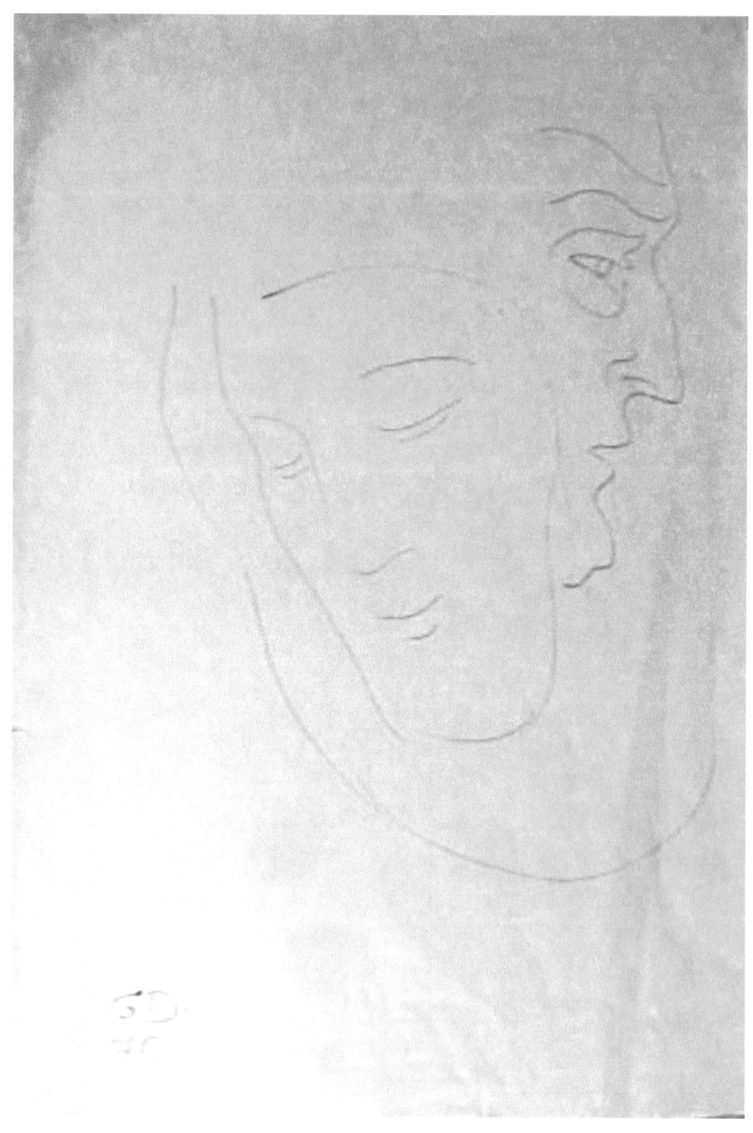

Bleistift auf Papier, 33 x 47,5 cm; sig.: *G*[Gertraud] *D*[Drexel] [19]*70*
Ein männlicher und ein weiblicher Kopf sind verschmolzen, aber kontrastreich: Die Frau hat ein geglättetes Gesicht, der Mann Stirnfalten und offene Augen, während die Augen der Frau geschlossen sind.

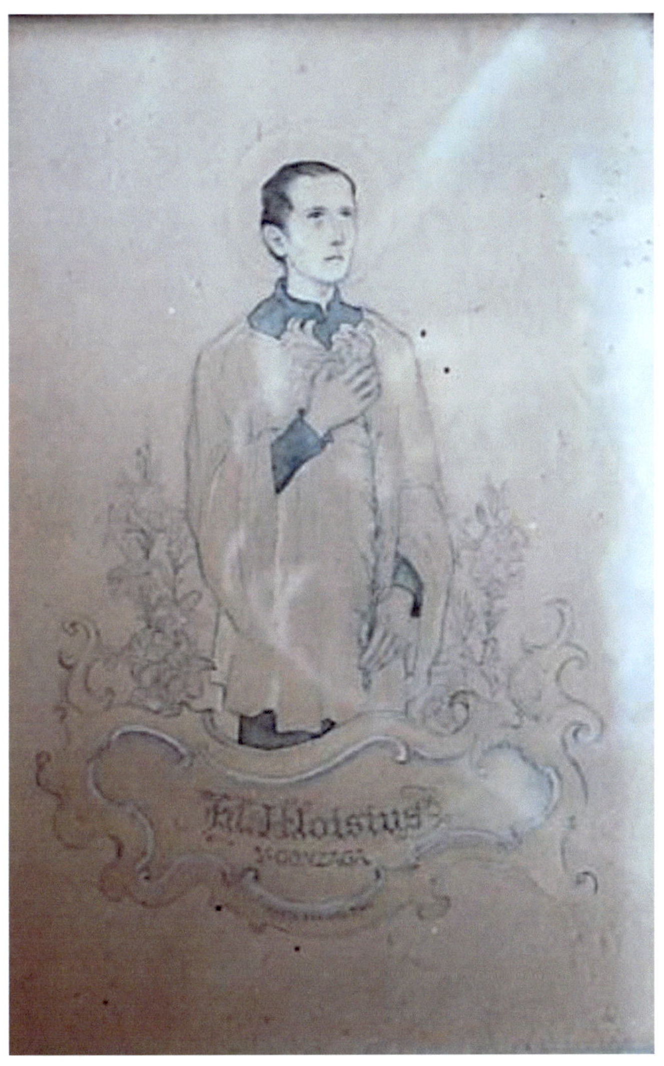

Hl. Aloisius V.GONZAGA; Gouache auf Papier, 26 x 38 cm, sig. *GERTR. DREXEL 1947*

1944 heiratete Alois Epple sen. Kreszentia Weigele. Diese besaß ein Bild ihrer Namenspatronin, gemalt von Johann Michael Schmitt (vgl. unten). Deshalb ließen sie sich von Gertraud Drexel ein ähnliches Bild malen, welches den hl. Aloysius zeigt.

Literatur zu Gertraud Drexel:

Die Familie Wiedemann, in: Türkheimer Heimatblätter Nr. 80, 2012 (hier findet sich eine Abbildung von Getraud Drexel als Kind)
Manfred Weitlauff (Hg): Joseph Bernhart – Tagebücher und Notizen, Weißenhorn 1997, S. 505 (zu 425)
Claudia Hofmann: Gertraud Drexel – Porträt einer Türkheimer Malerin, Türkheim o.J.
Alois Epple: Türkheimer Erinnerungen an Joseph Bernhart und an die Joseph-Bernhart-Gesellschaft, Norderstedt 2025, S. 11, 12

Johann Michael Schmitt (1878 – 1943)

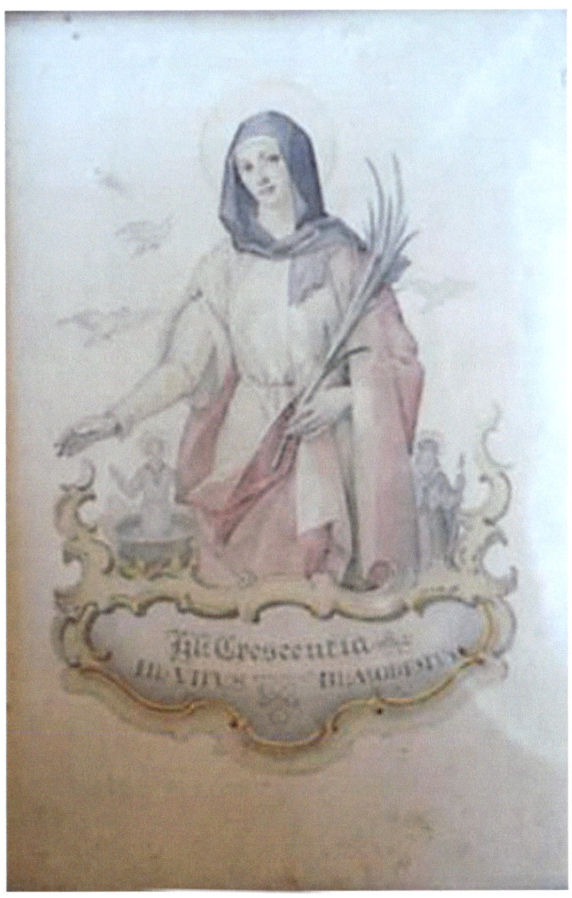

Hl. Crescentia – Hl. Vitus – Hl. Modestus /sig. Io *MICHAEL SCHMITT / 1942*
Gouache auf Papier; 26 x 38 cm

Der Münchner Maler Johann Michael Schmitt malte 1942 Bilder in die Kapelle in Berg. Bei dieser Gelegenheit entstand auch für die Berger Bauernstochter Kreszentia Weigele dieses Bild. Es zeigt ihre Namenspatronin und deren Zieheltern. Am 10. März 1943 starb der Maler bei einem Luftangriff auf München an einem Herzschlag. Dieses Bild dürfte eines seiner letzten Werke sein.

Lit.: Türkheimer Heimatblätter, Heft 93, 2015

Eduard Jäger (1940 – 2017)

Schon die räumliche Nachbarschaft bedingte, dass sich in meiner Sammlung einige Arbeiten von Eduard Jäger befinden.

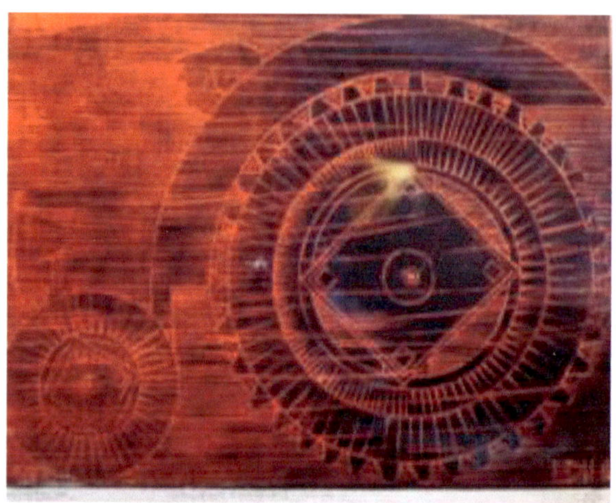

Holzschnitt, 31 x 24 cm, eingeschnitzt (re.u.): *EDI 81*; beschriftet: *WERKSTATTDRUCK / ALLGÄUER KENTAUR IM SOMMER / EDI* [19]*81*

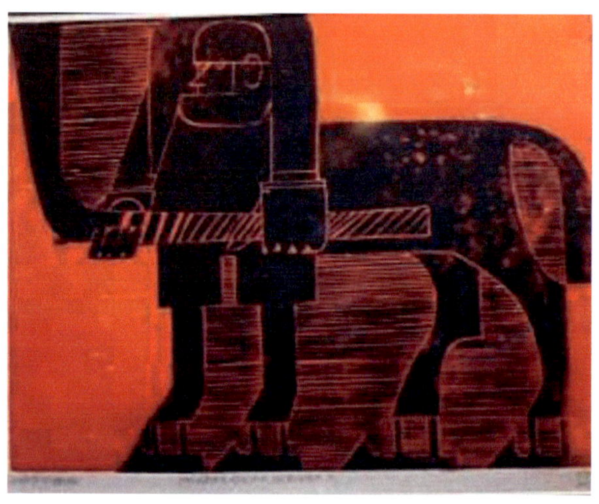

Holzschnitt, 31 x 24 cm; beschriftet: *WERKSTATTDRUCK / ALLGÄUER KENTAUR IM WINTER / EDI* [19]*81*

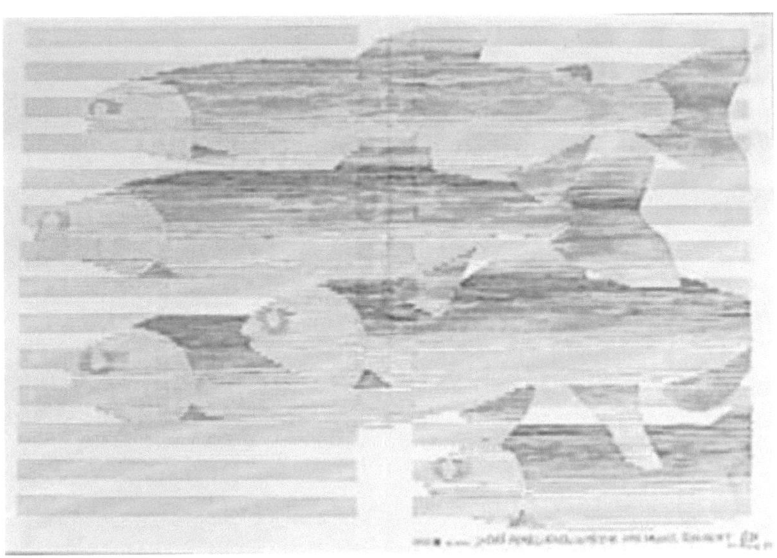

Tusche auf Notenpapier, 41,5 x 28,5 cm, beschriftet: *„DAS FORELLENQUINTETT" VON FRANZ SCHUBERT EDI 11.April* [19]*81*

Das Forellenquintett gehört zu den Lieblingskompositionen eines Kontrabassisten. Ich hatte die Möglichkeit, es 1981 in Kempten mitzuspielen und den Variationensatz 1997 in Mindelheim. Wir übten es auch einmal in Familienbesetzung: Violine: Johannes Epple, Bratsche: Ulrich Epple, Cello: Maximilian Epple, Kontrabass: Alois Epple, Klavier: Jelena Stojkovic-Epple. Als ich dieses Bild auf einer Ausstellung im Kleinen Schloss in Türkheim sah, bat ich deshalb den Künstler, mir diese Zeichnung zu verkaufen, was nach einigem Zögern dann auch geschah.

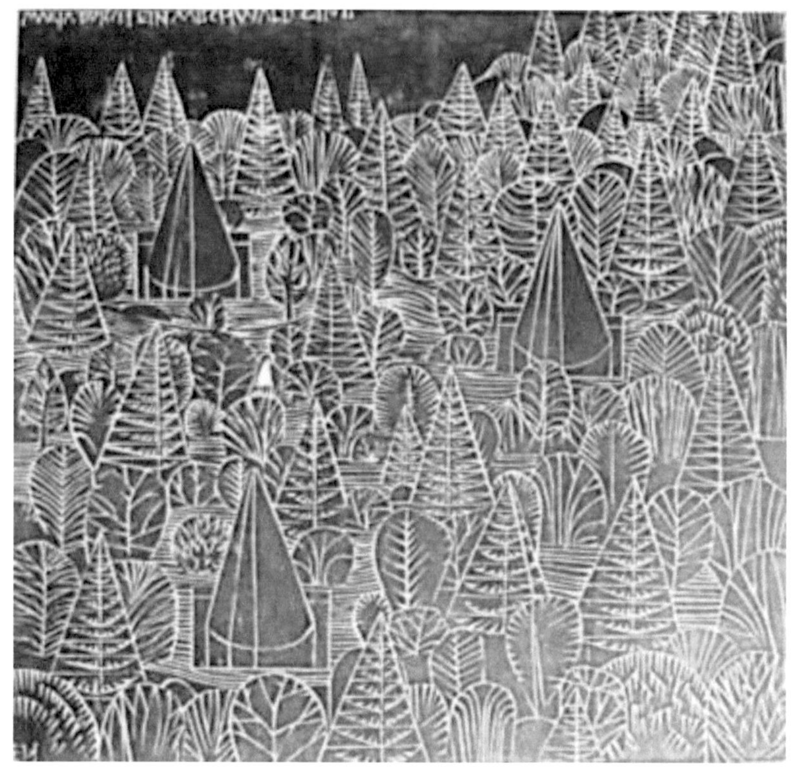

Holzschnitt; 30 x 28,5 cm, eingeschnitzt: *MARIA DURCH EIN MISCHWALD GING* (oben links) / *EDI* [Eduard Jäger] (unten links); Handbeschriftung: *40/13 „Maria durch den Mischwald ging" Schöne Weihnachten und ein gutes Jahr 1984 wünschen EDI + LORE + KATHARINA JÄGER den NACHBARN EPPLE*

Der Titel des Bildes leitet sich vom Adventslied „Maria durch den Dornwald ging" ab. Es entstand als Reaktion auf die Nachrüstung in Deutschland um 1983. Der Wald besteht nicht nur aus Laub- und Tannenbäumen, sondern auch aus Raketen. Ganz klein irrt Maria durch den Wald.

Entwürfe für die Festschrift 900 Jahre Türkheim

Zum Jubiläumsjahr „900 Jahre Ersterwähnung von Türkheim" 1990 gab die Marktgemeinde Türkheim eine bescheidene Festschrift heraus. Die Geschichte von Türkheim ist hier in kurze Kapitel aufgeteilt. Zu jedem Kapitel lieferte Eduard Jäger die Illustration und Alois Epple den Text.
Alle Entwürfe sind ca. 15 x 14 cm, Tusche auf Papier.

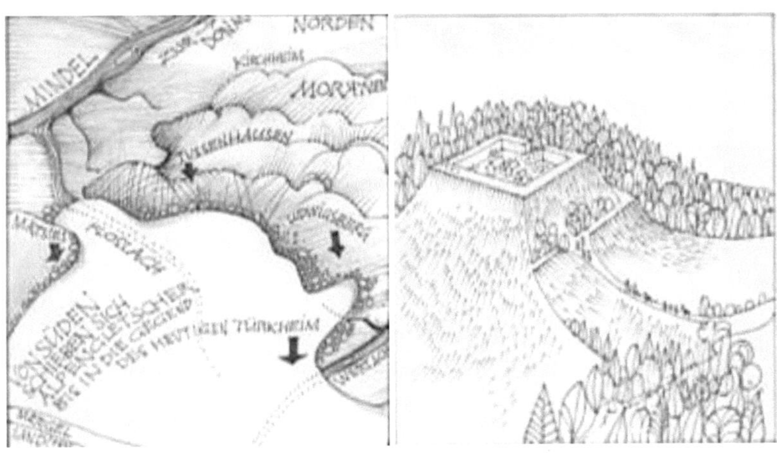

Die Landschaft um Türkheim   *Frühe Besiedlung*

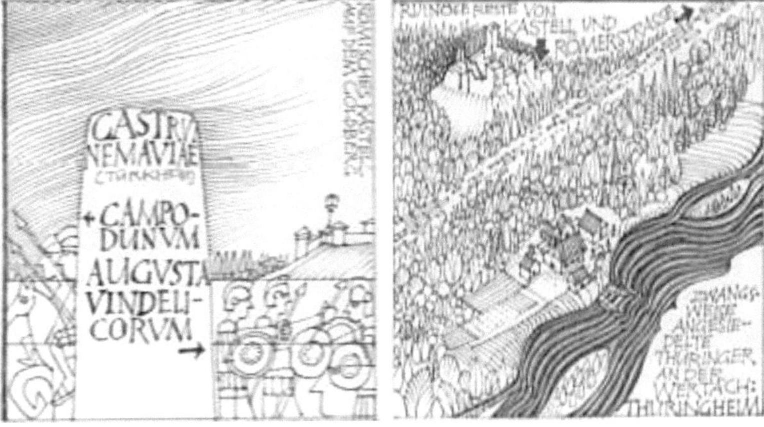

Die Römer   *Frühes Mittelalter*

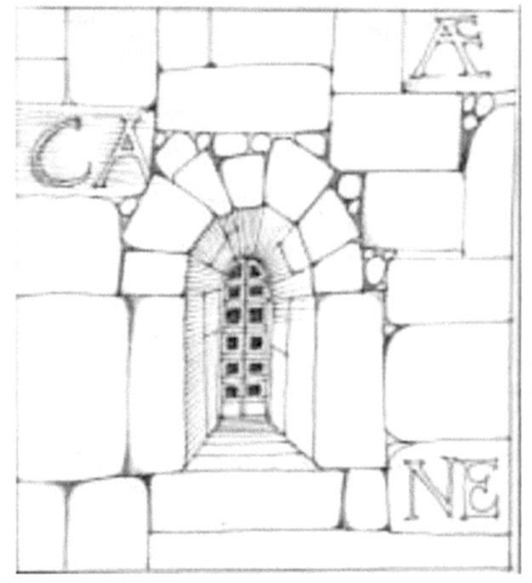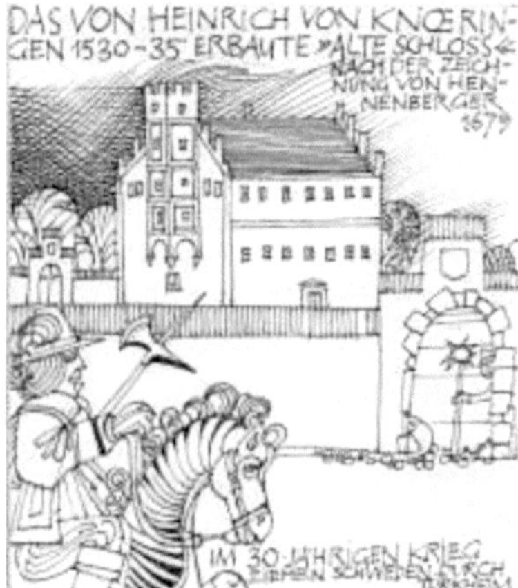

Hohes Mittelalter   *Spätmittelalter*

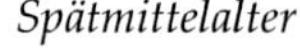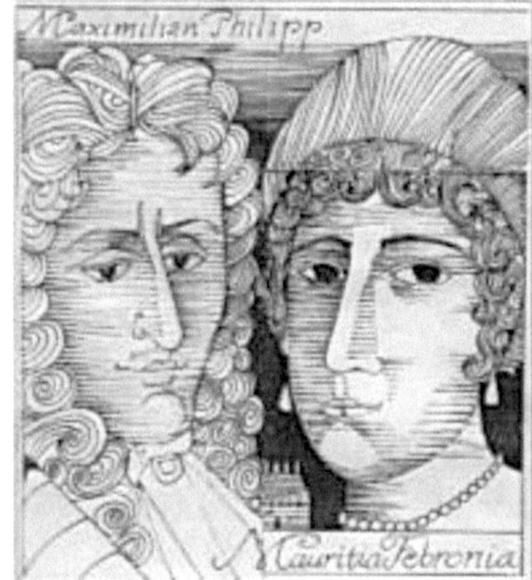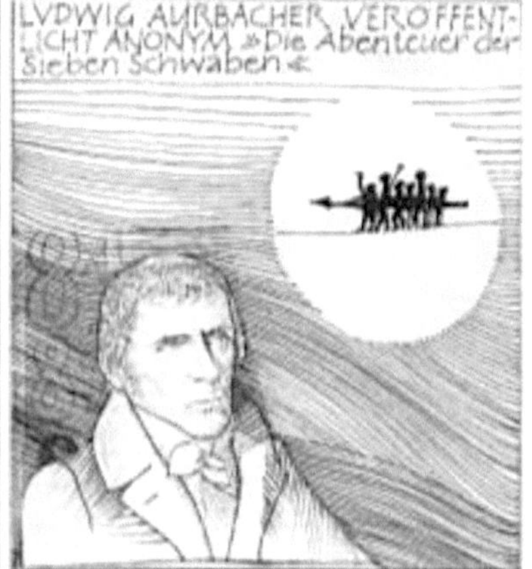

Herzogliche Zeiten   *Neunzehntes Jahrhundert*

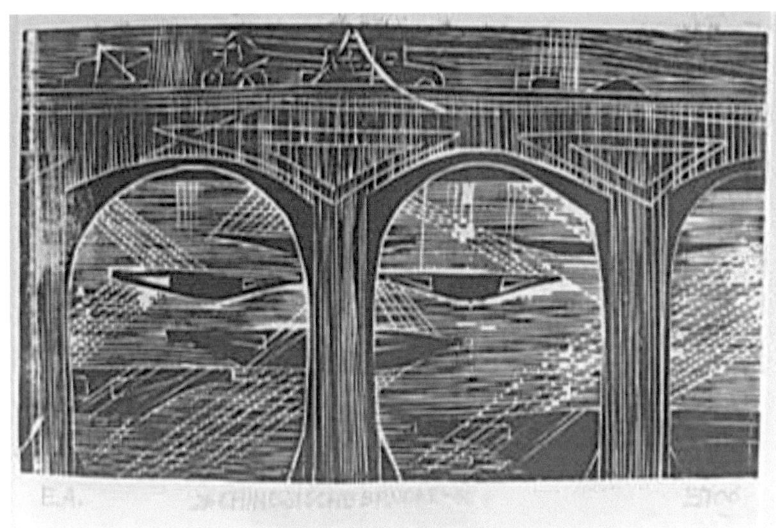

Holzschnitt, 30 x 17,5 cm; Beschriftung: *E.*[Epple]*A.*[Alois] / *»CHINESISCHE BRUCKE« / EDI* [20]*06 / UNGLEIMT*

Über eine Brücke fahren einige Fahrzeuge. Boote auf dem Fluss geben dem Fluss ein Gesicht. So bilden zwei Boote die Augen eines Gesichts

Literatur:

Eduard Jäger: Orbis pictus novus, 1982

Eduard Jäger: SUCHBILDERBUCH FÜR KINDER Suchbilderbuch angereichert mit Unglücksfällen & Katastrophen aller Art zur Erbauung und Erheiterung aller jungen & alten Kinder ab 5 Jahren, Türkheim 1983

Eduard Jäger: Die unvermutete Wiederkehr der Sieben Schwaben, 1986

Eduard Jäger: Das Buch von den Schneckenfrauen, 1992

Eduard Jäger: Kleine Stilkunde der Insekten, 1994

Eduard Jäger: WER BEWOHNT DEN PLANETEN ERDE? – Aufzeichnungen des ausserirdischen Sternfahrers Amor2006

Eduard Jäger: VERWANDLUNGEN

Mechtild Lohmanns (*1954)

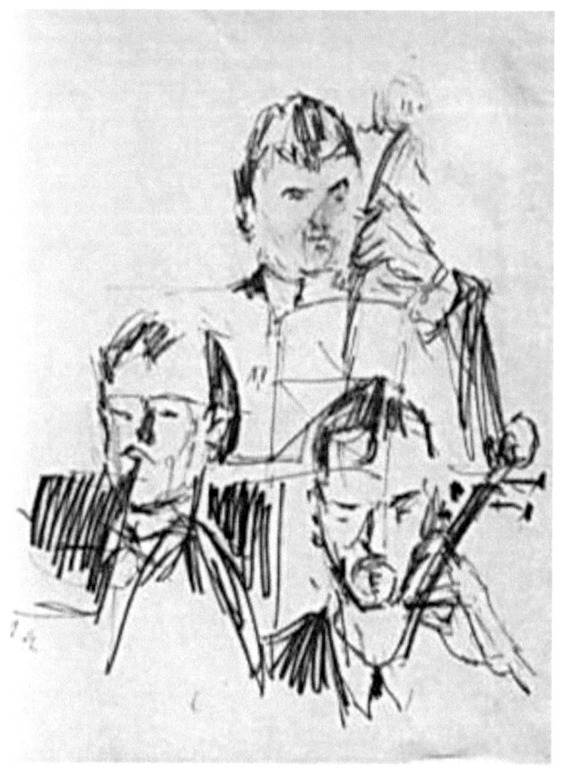

Bleistiftzeichnung, ca. 17 x 14 cm, bez.: *M*[echthild] *Lo.*[hmanns]
Skizziert am 18. Juni 1988 bei einem Konzert des Türkheimer Streichorchesters[3]

Alois Epple spielt hier Kontrabass. Während eines Konzerts im Schloss in
Türkheim entstand diese Zeichnung.

Literatur zu Mechthild Lohmanns:
Lore Kampmann: Sternenflügel, mit Bildern von Mechthild Lohmanns,
Pulheim 1997
Mechthild Lohmanns:„… aus meinen Leer-Räume" und andere Bilder,
2020

---

[3] auch abgebildet in: Jelena Stojkovic (Hg.): Windhauch, Norderstedt 2020, S. 9

Im Jahre 1987 skizzierte mich Mechthild Lohmanns-Mendle bei mir zu
Hause. Anwesend war dabei Dr. Peter Fassl, welcher gerade seinen Posten
als Bezirksheimatpfleger antrat. Mit ihm unterhielt ich mich über die
Ausstellung zum 300. Geburtsjahr von Johann Georg Bergmüller,
während Mechthild skizzierte. Bei der linken Zeichnung begann sie von
unten zu zeichnen um dann festzustellen, dass oben der Platz nicht
ausreicht. Mit der zweiten, rechten Zeichnung, war die Künstlerin eher
zufrieden. Um mein angeblich diabolisches Aussehen zu unterstreichen
zeichnete sie Hörner auf den Kopf. Diese erinnern auch an die
Falschübersetzung von Ex 43,29-35, wonach Moses Hörner wuchsen.

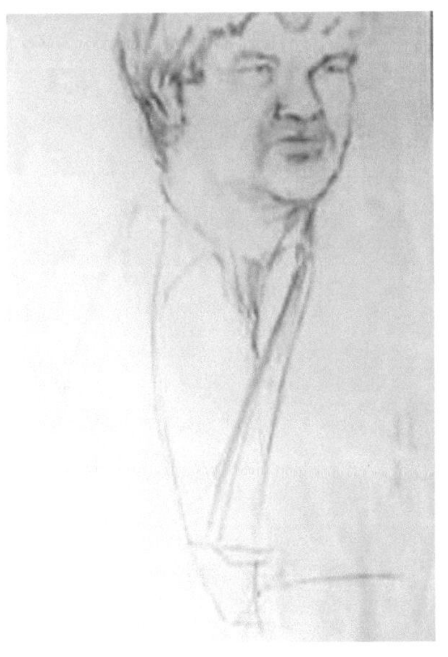

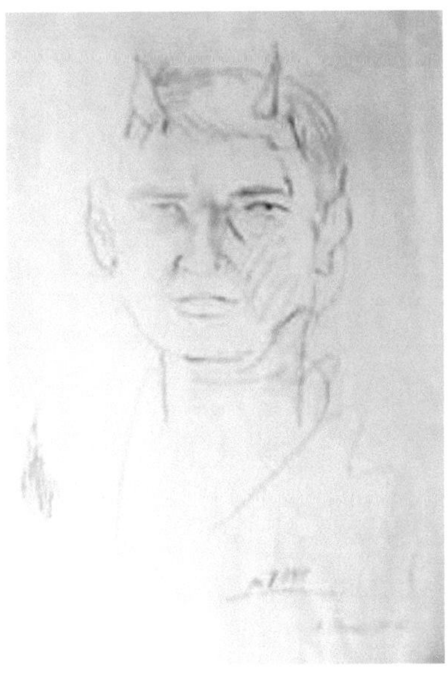

Bleistift auf Papier; 42 x 59,4 cm;
der gebrochene Arm hängt in einer
Schlinge

Bleistift auf Papier; 42 x 59,4 cm
beschriftet: *18.9.1987 / M.Lohmanns
Mendle*

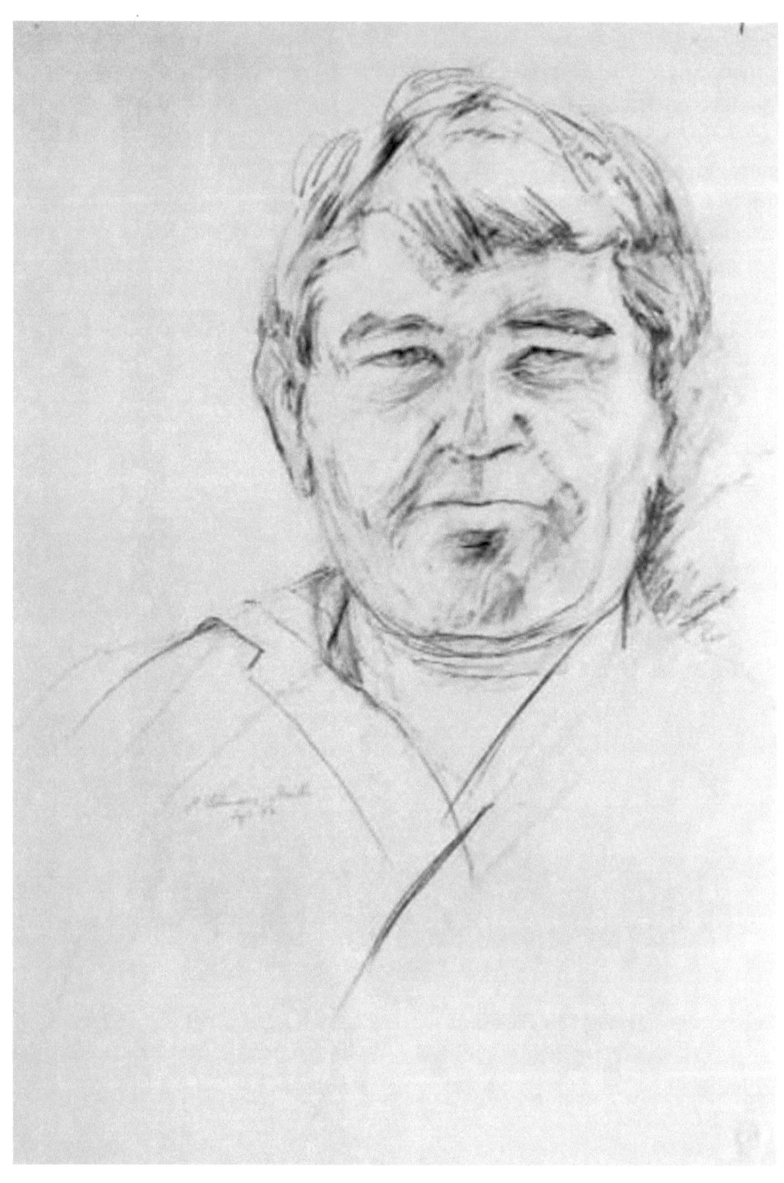

Bleistift auf Papier, 50 x 74 cm, sig *M. Lohmanns-Mendle Sept.*[19}'87
Porträt von Alois Epple

Manfred J. Nittbaur (*1949)

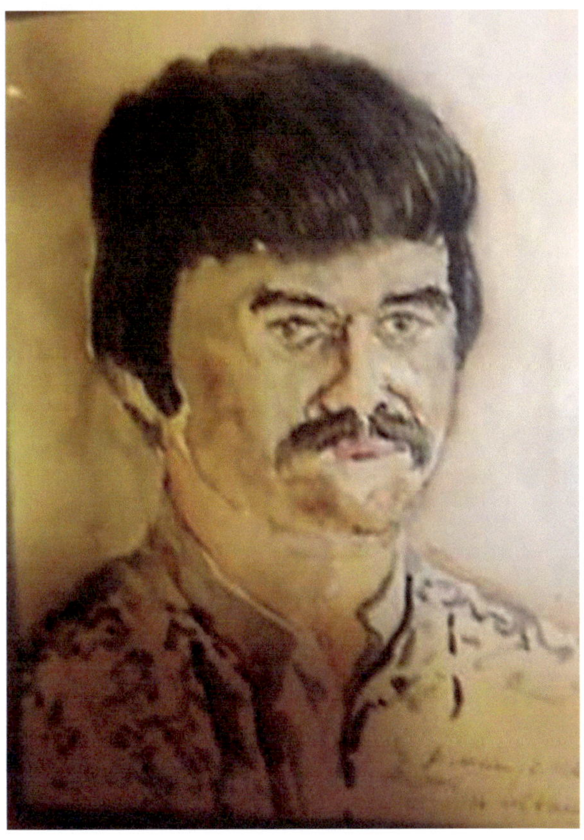

Aquarell auf Papier, 26 x 36 cm, beschriftet: *St. Ottilien 3. März* [1979]/ *Für Alois MJ Nittbaur*

Ich traf Manfred Nittbaur erstmals am Gymnasium in St. Ottilien 1978: Er begann hier als Kunsterzieher und ich als Lehrer für Mathematik und Geographie. Am Ende dieses gemeinsamen Schuljahres malte er mich.

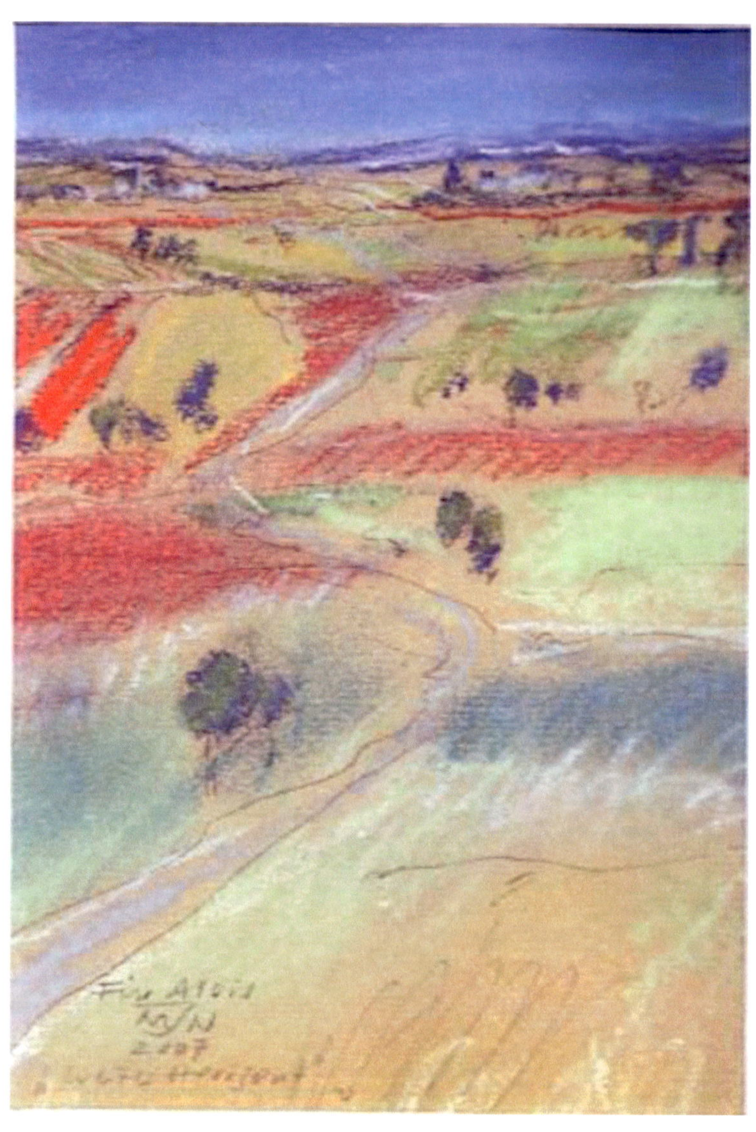

Pastell und Bleistift auf Papier, 11,8 x 16,8 cm
beschriftet: *Für Alois MJN 2007 „weiter Horizont"*

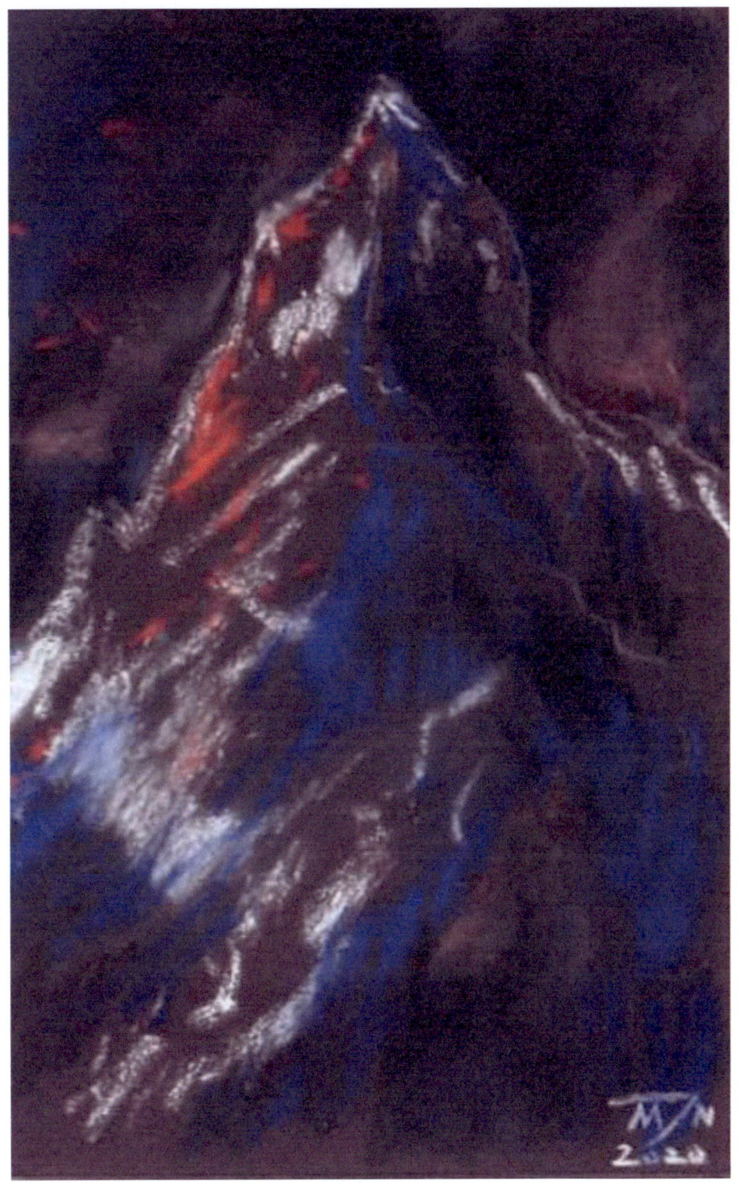

Aquarell und Kreide auf Karton, 22,5 x 14,8
beschriftet: *MJN 2020*

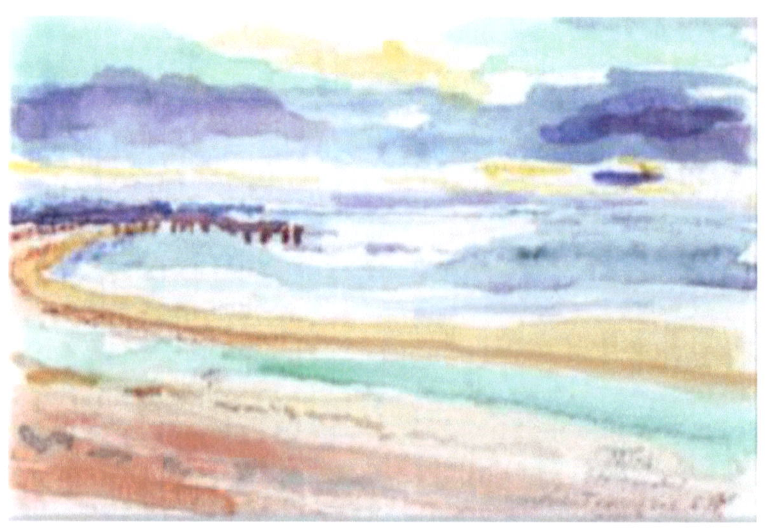

Aquarell auf Papier; 9,7 x 14,7 cm
beschriftet: *MJN /Strand von La Rochelle ? 1*

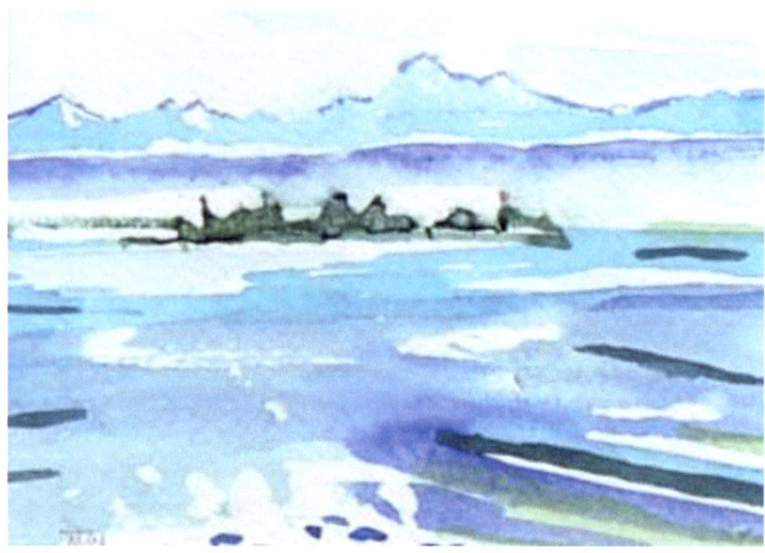

Aquarell auf Papier (leere Postkarte), 10,5 x 14,8
Rückseitig beschriftet: *Dem lieben Alois zum Weihnachtsfest 2018 / Titel: Fahrt zur Fraueninsel (Chiemsee) Dez. 2018 / MJN*

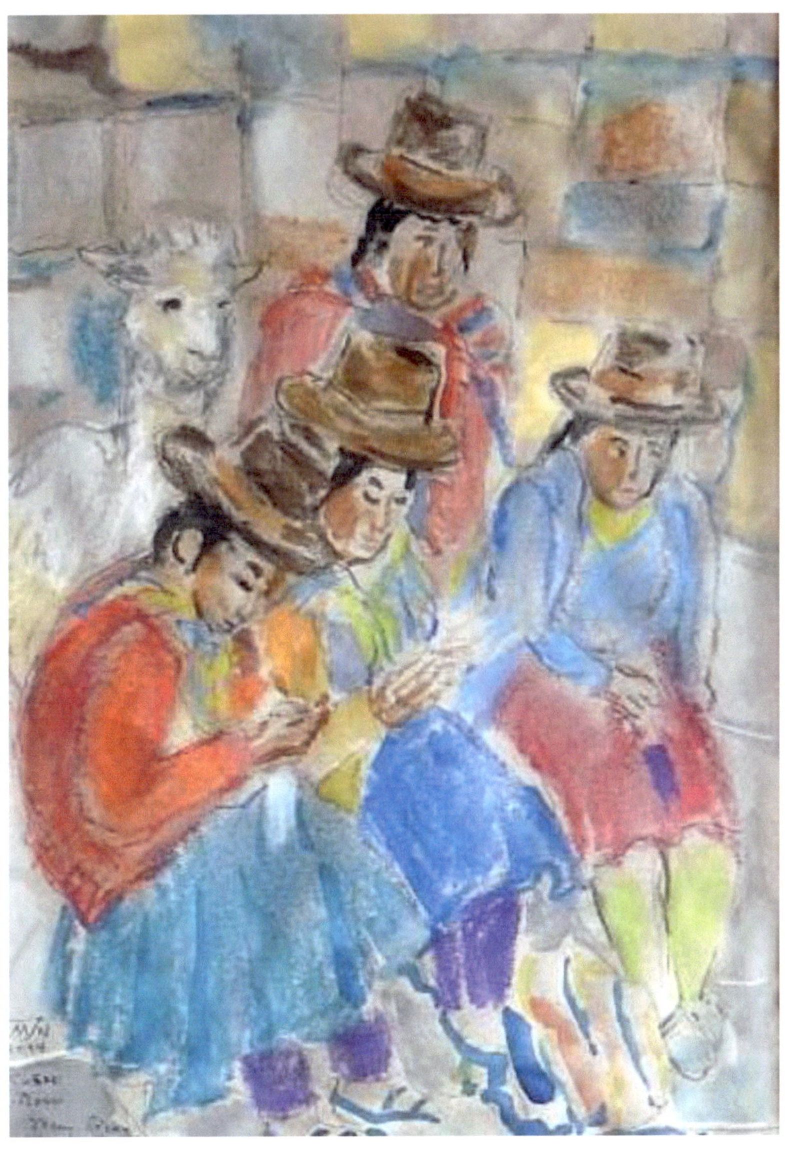

Aquarell, Kreide Gouache und Bleistift auf Karton, 20,9 x 29,4 cm, beschriftet: *MJN / 2014 Cusco Peru mDem lieben Alois Epple*
Eine fast identische, größere Version findet sich in Manfred J. Nittbaur, Malerei aus Lateinamerika, S.66

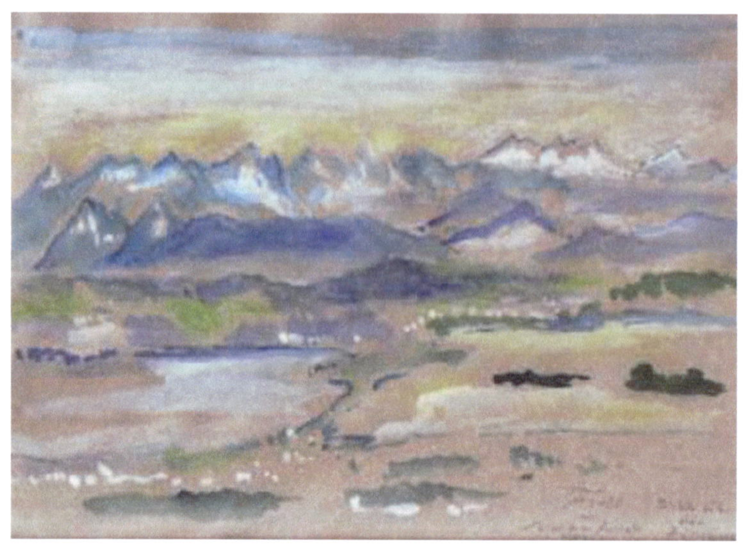

Aquarell auf Pappe, 22,4 x 30,6 cm
beschriftet: *für Alois v. Manfred / MJN / Blick über den Zürichsee / Nov. 2020*

Literatur:

MANFRED J. NITTBAUR: Kat. zur Ausstellung im Rathaus Lauingen
1981
Manfred J. Nittbaur: „AUF DEM WEG", Wertingen 1996
Manfred J. Nittbaur: 1949 – 1999: RETROPEKTIVE; Ausstellung aus Anlaß
des 60. Geburtstages, Wertingen 1999
Manfred J. Nittbaur: Canada – „Bilder einer Reise", Wertingen 2011
Manfred J. Nittbaur: „VIDA Y SUENOS EN LOS ANDES – MALEREI
AUS LATEINAMERIKA, Wertingen 2018
(S. 5: Aufsatz von Alois Epple: Südamerika im Leben und Werk des
akademischen Kunstmalers Manfred J. Nittbaur)
Manfred J. Nittbaur: „Drhoim em Zusamtal ond en dr weita Welt", 12
Kunstkarten, mit einem Geleitwort von Alois Epple: Das Werk von
Manfred J. Nittbaur, Wertingen um 2019
Jelena Stojkovic (Hg.): Windhauch, Norderstedt 2020 (Titelblatt)

Joseph Madlener (1881 - 1967)

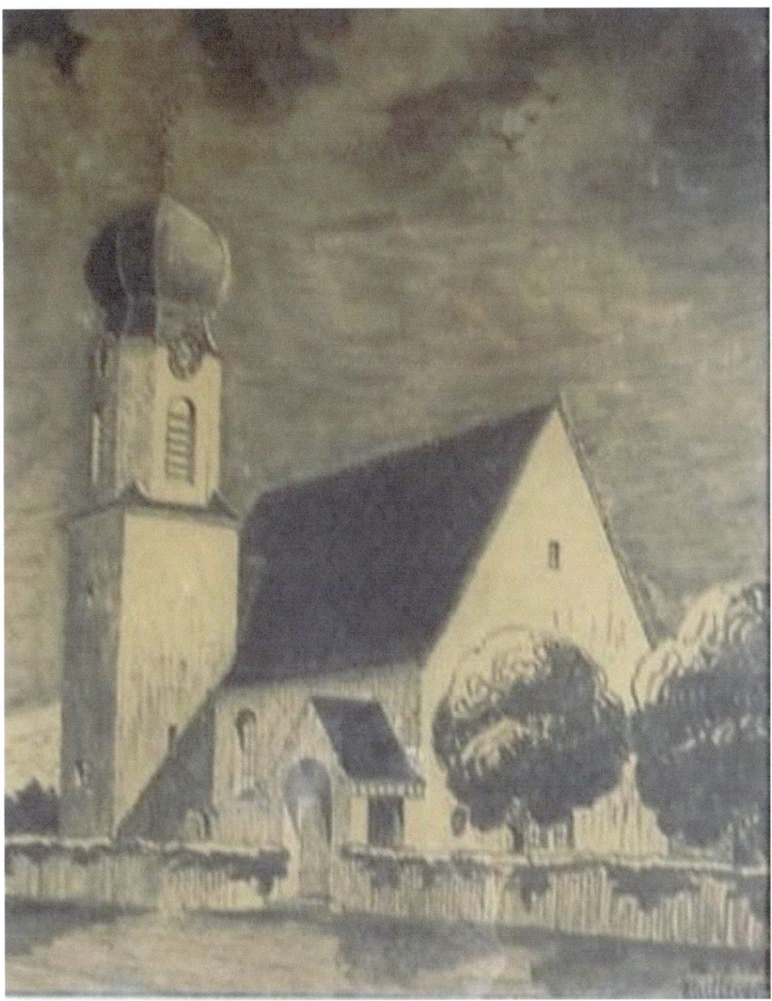

Tusche auf Papier, 25 x 30,6 cm
beschriftet (unten rechts): *15.12.1913 /Madlener*

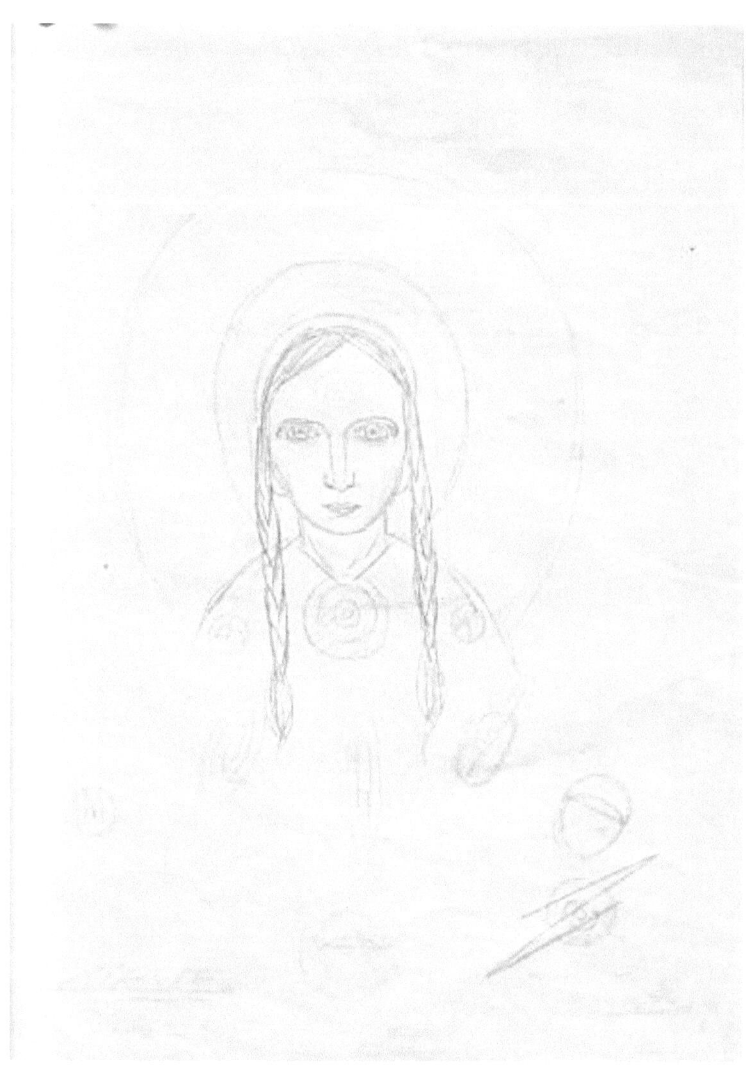

Bleistift auf Papier; 27,4 x 20,3 cm
beschriftet: *MARIA / JM* [Josef Madlener] (in einem Kreis)
erworben um 2010

Frontales Gesicht von Maria mit langen Zöpfen und Nimbus. Ihre
Kleidung zeigt Ornamente. Eine recht ähnliche Darstellung in JOSEF
MADLENER – MEIN KOSMOS, S. 273

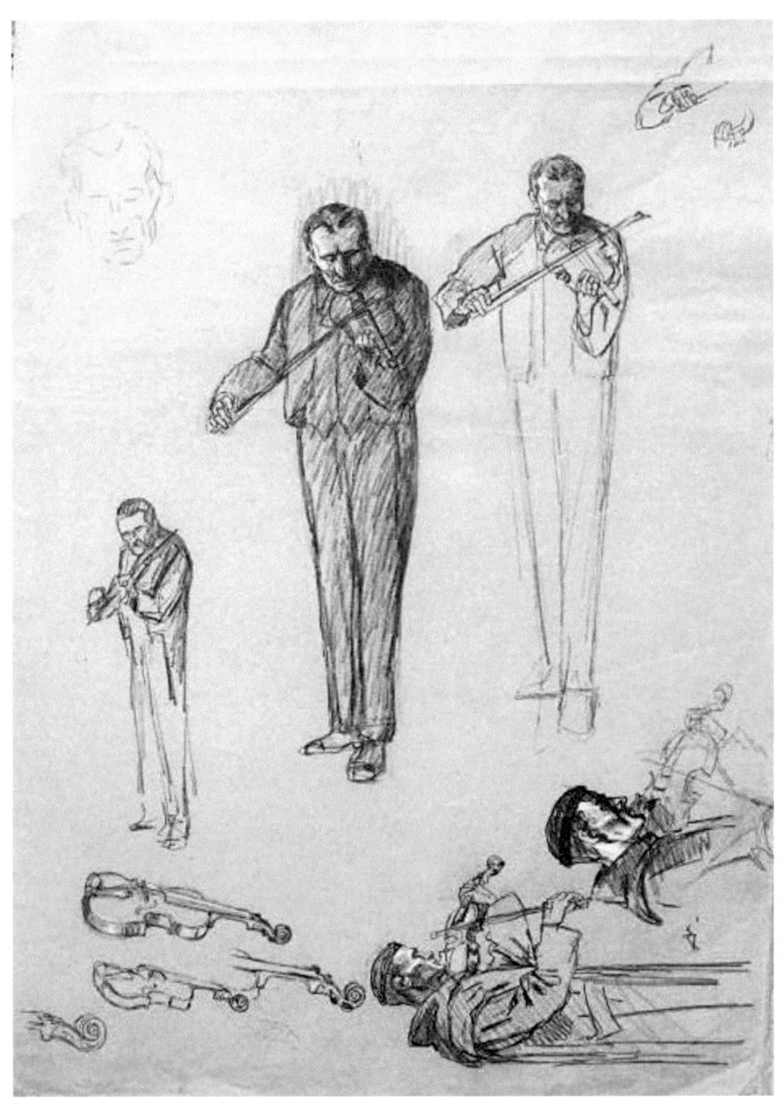

Bleistift, Kreide, weiß gehöht auf Karton, 81 x 49,5 cm, sig. mit *JM* (lig.)
Drei Männer die Geige spielen, zwei Mönche die Geige spielen, Geige und
Detail einer Geige, Handhaltung, sig.: *JM* lig.

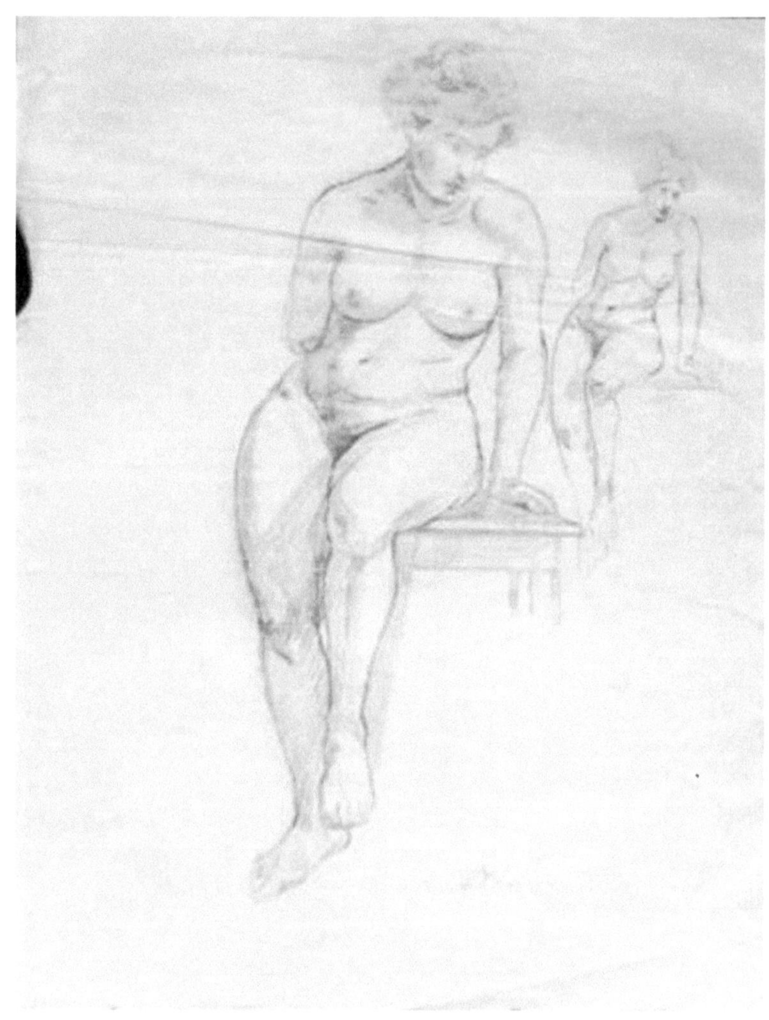

Bleistift auf Papier, 62 x 48 cm, Monogramm (*JM* (lig.)

Aktstudien eine Frau, welche fast zweimal in gleicher Position auf einem Tisch sitzt. Ähnlich Skizzen sind abgebildet in: JOSEF MADLENER – MEIN KOSMOS, S, 32,33

Skizzenblatt (Vorder- und Rückseite), 29,5 x 24 cm

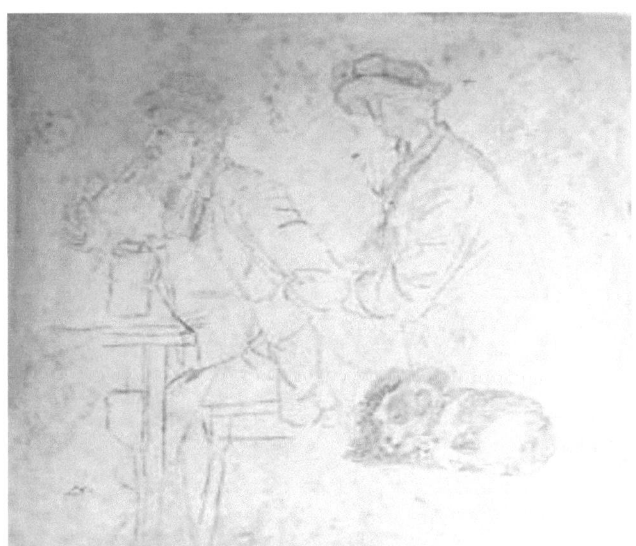

Bleistift auf Papier, Madlener-Monogramm (links unten); Mann am Tisch sitzend
mit Pfeife und vor sich einen Bierkrug, weitere Kopfstudien, schlafende Katze

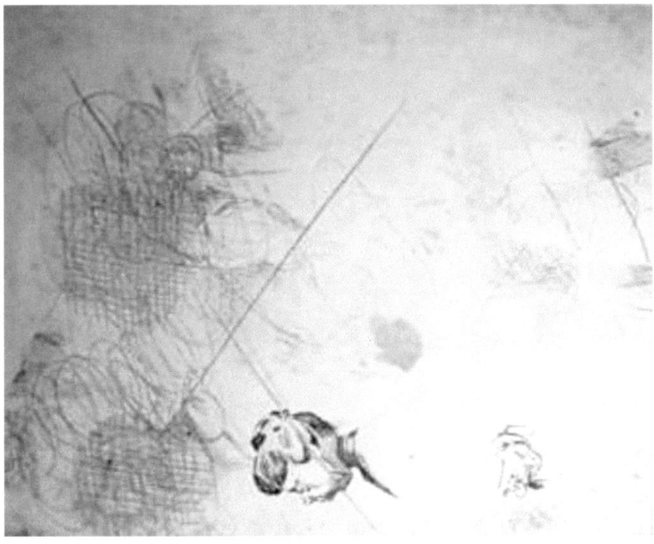

Bleistift und Feder auf Papier; Frauen- und Männerkopf

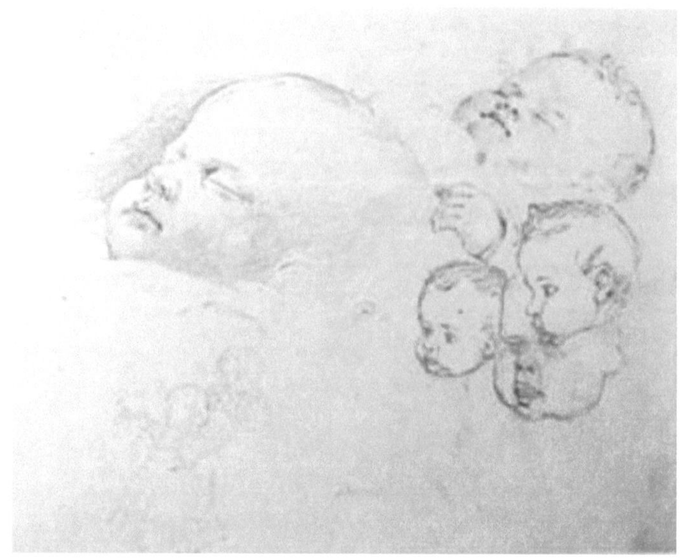

Bleistift auf Papier, 29 x 23; beschriftet *Julchen / JM* (lig.) [19]*10*
drei Kopfstudien der schlafenden, drei Köpfe der wachen und zweimal
der stehenden bzw. sitzenden, 1910 geborenen Tochter Madleners.

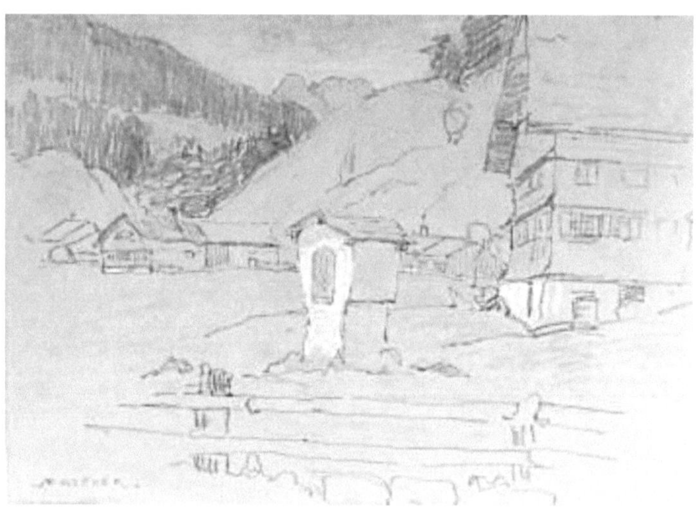

Bleistift und Kreide auf Pappe; 31 x 22 cm; beschriftet: *MADLENER /*
[19]*14;* Voralpenlandschaft mit Gebetsstock und Häusern

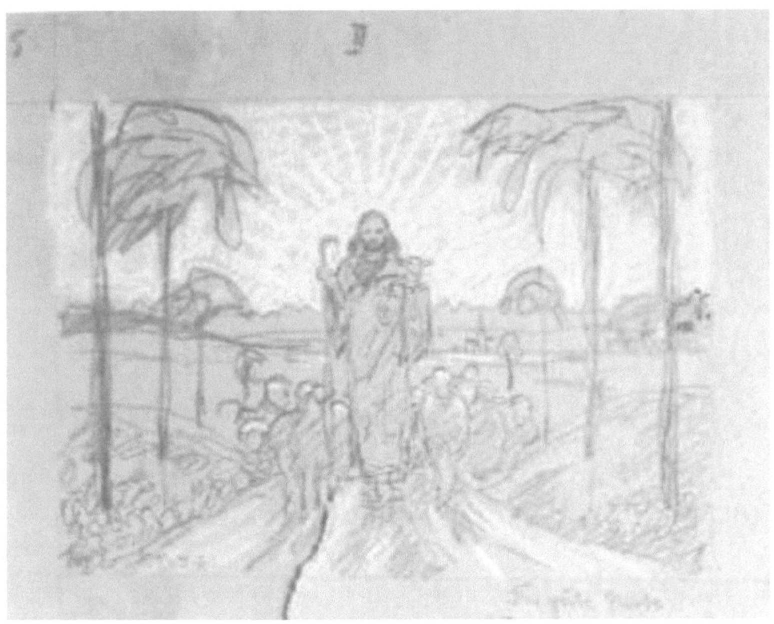

Bleistift und Kreide auf dunklen Karton, 17,8 x 14,2 cm; beschriftet: *5 / II /
Der gute Hirte I JM* (lig.) [19]*27*

Die Skizze zeigt einen zentralperspektiv angelegte Alle, auf welcher der
gute Hirte schreitet. Er trägt ein Lamm und Schafe folgen ihm. Die gleiche,
nur mehr ausgearbeitete Skizze ist abgebildet in: JOSEF MADLENER –
MEIN KOSMOS, S. 46

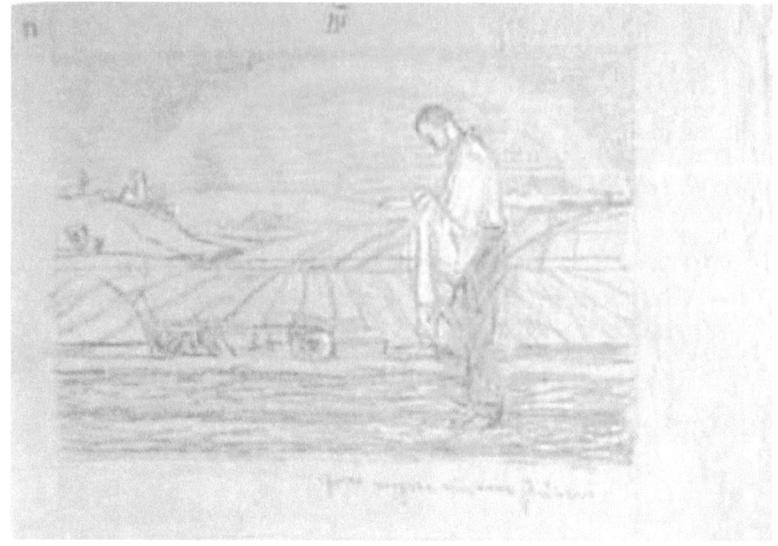

Bleistift auf dunklem Karton, 20,2 x 13,9 cm; beschriftet: *10 / III / Gott segne unsere Fluren*

Auf einem Acker, vor einem Pflug, steht ein betender Bauer. Über der Voralpenlandschaft spannt sich ein Regenbogen.

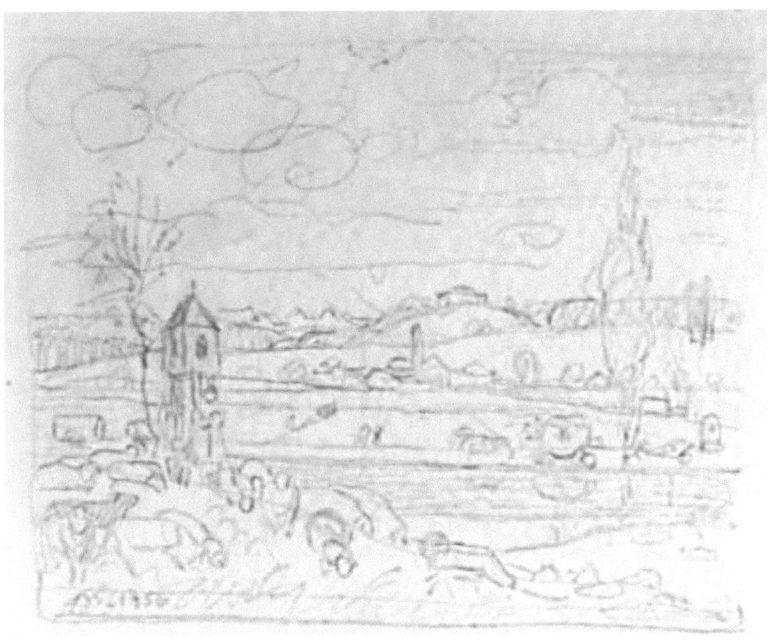

Bleistift auf Bütten, 23 x 18,5 cm; sig: *M*[adlener] *1956*

Schafe grasen auf einem Feld bei einem Bildstock. Im Hintergrund Voralpenlandschaft mit Dorf.

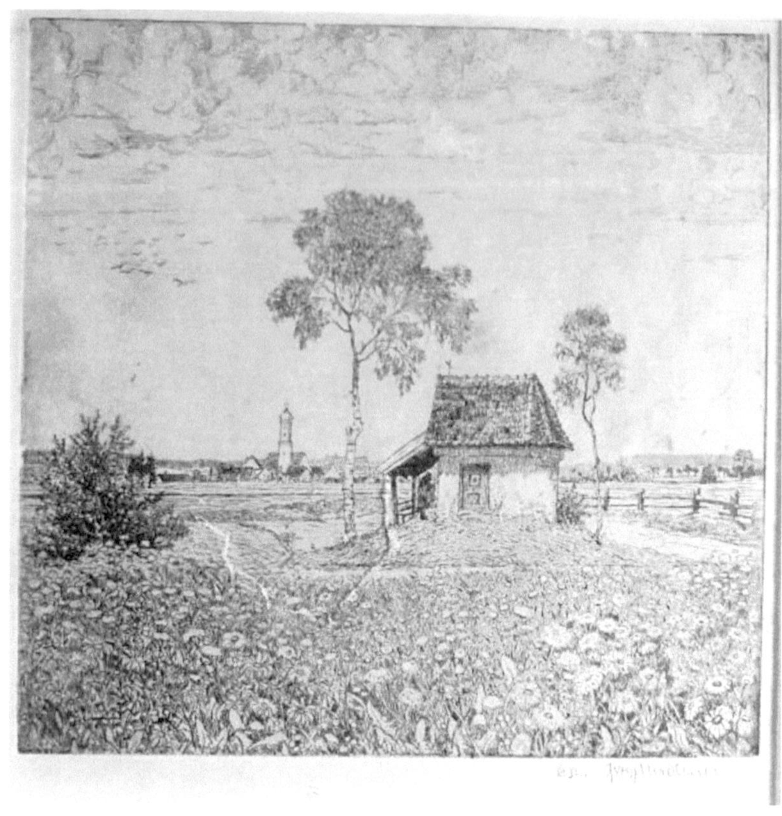

Druck (beschädigt), 22 x 20,8 cm; sig. ? *JosefMaadlener* (Madleners Handschrift)

Feldkapellemit einem Beter davor. Vordergrund: Blumenwiese. Hintergrund Dorf.

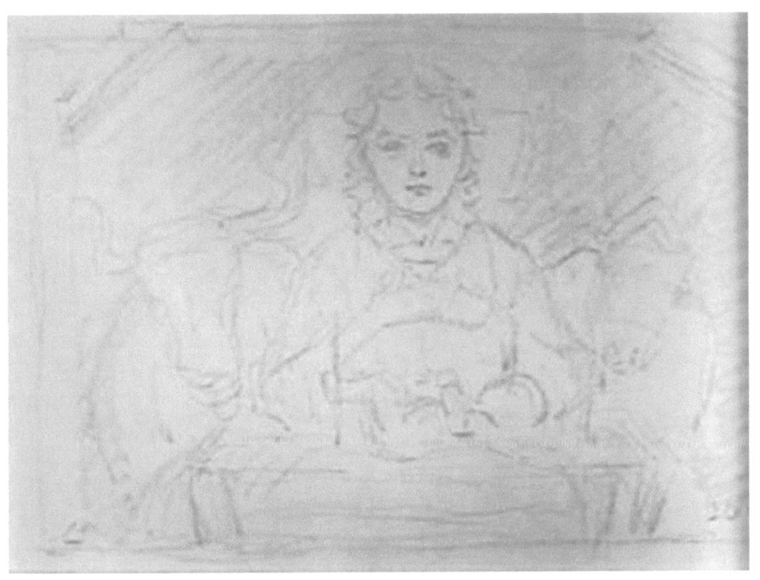

Bleistift auf Papier, 21 x 29,3 cm, u.li. *JM* lig.; u. re. [19]*20*

Maria sitzt vor der Futterkrippe. In dieser liegt ihr Kind, Jesus. Zu beiden Seiten stehen Ochs und Esel.

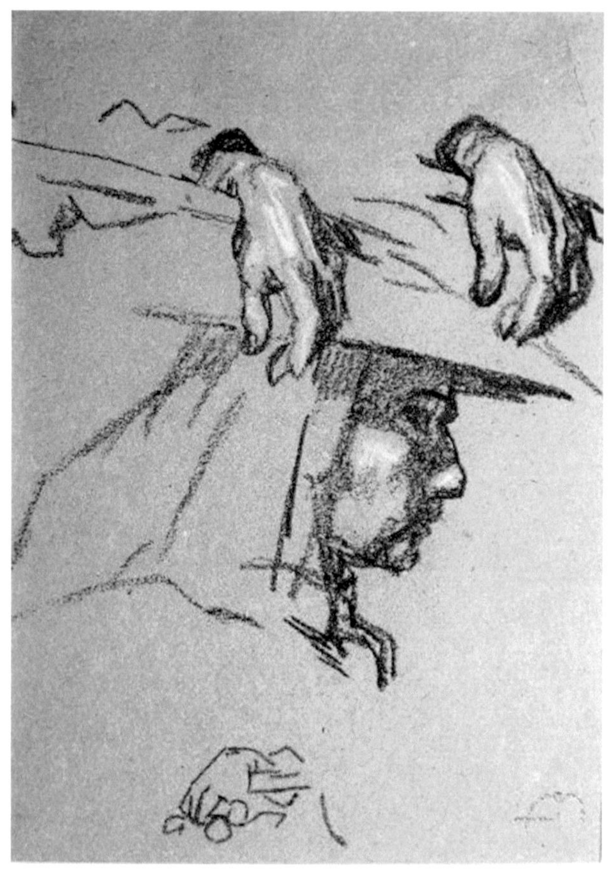

Bleistift, weiß gehöht, auf Karton, 12,7 x 16,3 cm; re. u. monogrammiert *JM* (lig.); Kopf mit Hut in Seitenansicht, darüber: Studien von zwei Händen, unten: Handstudie.

Studie, beidseitig, 20,2 x 26,4, harter Bleistift auf Papier

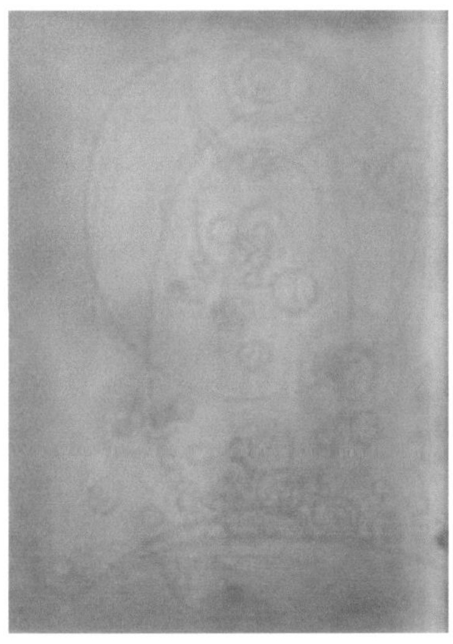

hauptsächlich Kreissymbole

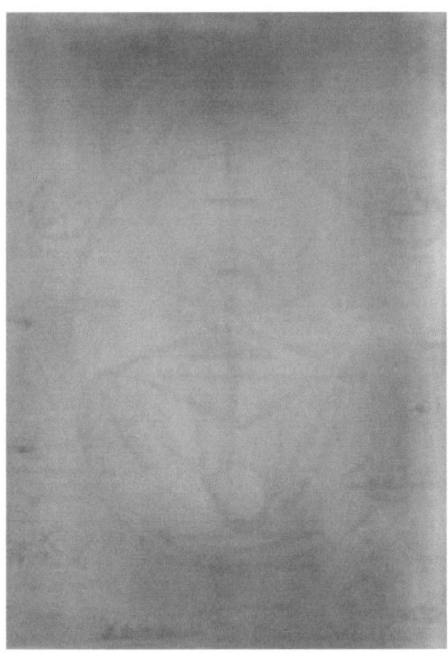

beschriftet: *9.DEZ 1937* / Monogramm: *JM* (lig.), Kreis- und Dreieckssymbole

Beidseitige Skizze, harter Bleistift auf Papier, 20,2 x 26,2 cm

Kopf, Dreiecks- und Kreissymbole

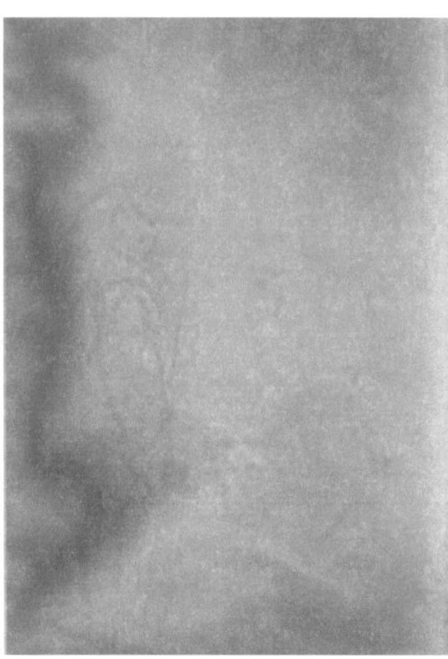

zwei Personen, Kreis- und Dreieckssymbole

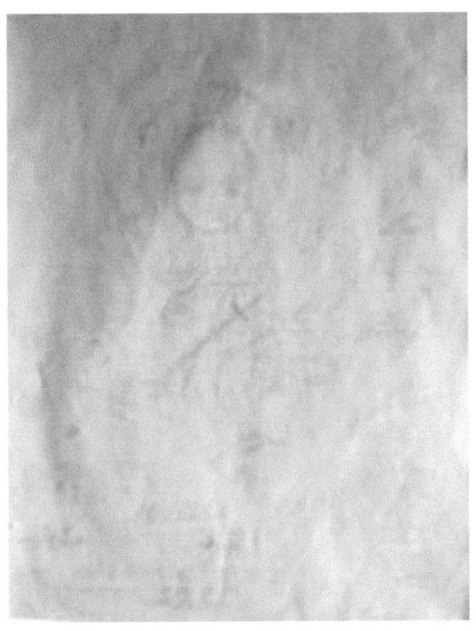

harter Bleistift auf Papier, 20,5 x 26,4 cm; beschriftet: *30.8. / 16 AUGUST 1937 / 29.8. /5. SEPT / JESUS / Eichmann*
Studie: harter Bleistift auf Papier, 20,3 x 26,3 cm

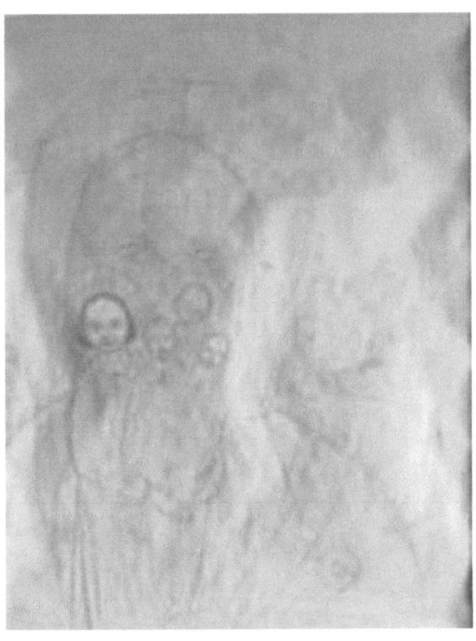

Vorderseite: beschriftet: *8.NOV.1937 / JESUS*
Jesuskopf, „davor gesetzt" 4 Heilige, Kreissymbole

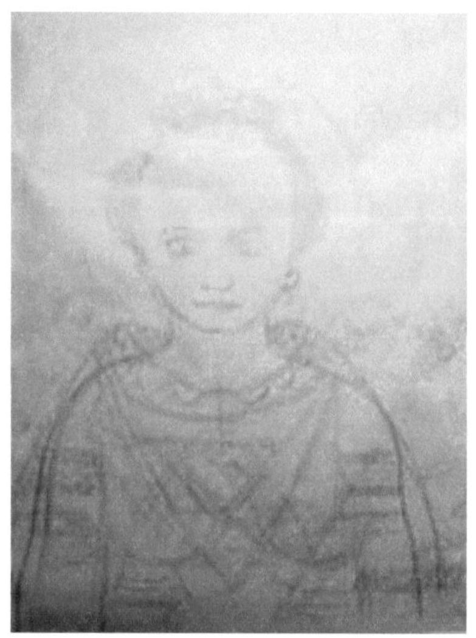

Rückseite: beschriftet: *ИHNNH*
Brustbild einer Frau in Frontalansicht, umgeben mit allerlei Symbolen

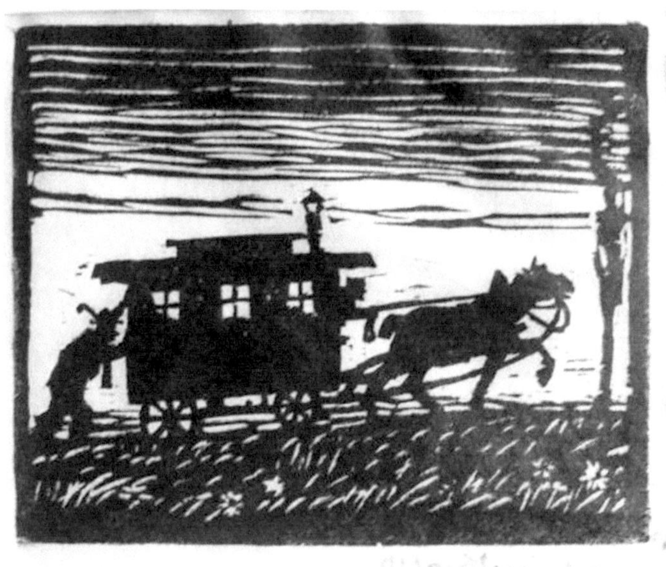

Holzschnitt; 7,9 cm x 11 cm; mit Bleistift unten re. beschriftet: *JMadlener*

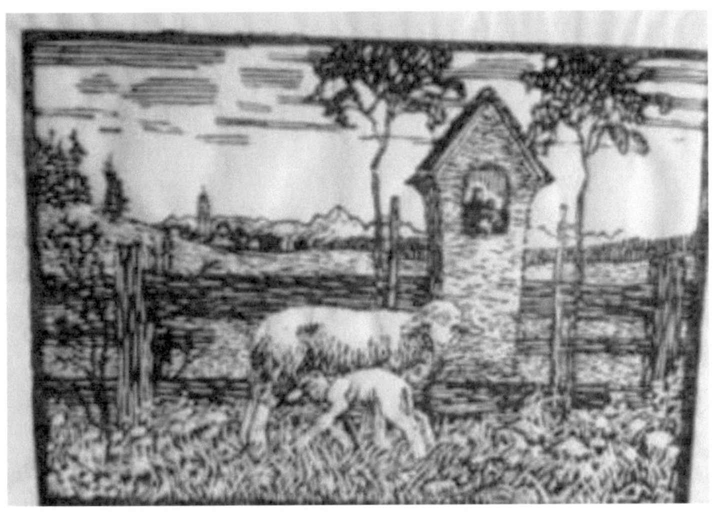

18,7 x 13,2 29,8 x 24,6(ganzes Blatt: Holzschnitt, Nachdruck mit Bleistift
mongrammiert: *O.H.(oder X.) Im Stich Madleners Monogramm u. re*

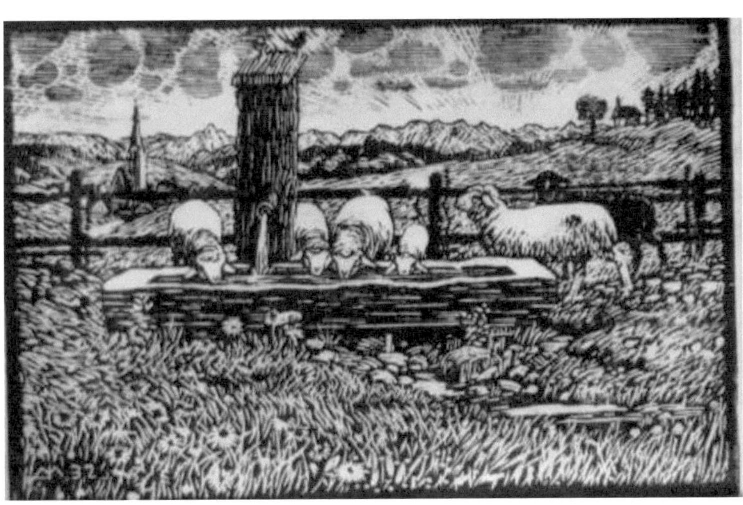

19,8 x 13, 30, 5 x 25,3 cm in Holzschnitt li unten: *M 32,* mit Bleistift außen
O.H.

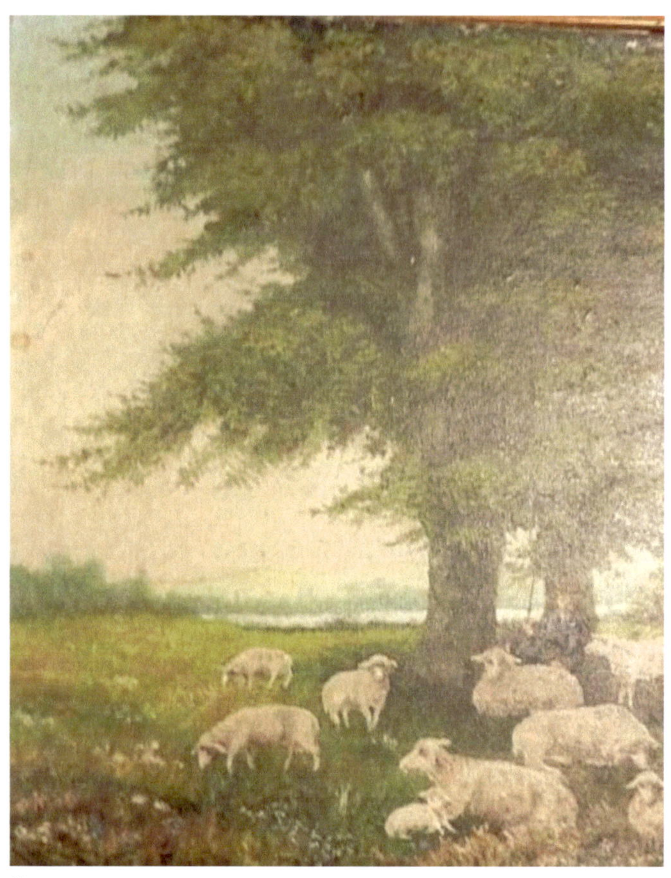

Öl auf Lwd, 39 x 44 cm, nicht signiert (Umkreis Josef Madlener)

Sekundärlit. zu Josef M:
Eduard Raps: Josef Madlener 1881 bis 1967, Memmingen 1981
Alois Epple: Der gedruckte Madlener, Türkheim 2006
Dieter Zeile;: Josef Madlener, in: Lebensbilder aus dem
Bayerischen Schwaben, Deiningen 2014
Alois Epple: Christkind, Engelein und Rehlein – Die
Andachtsbildchen von Josef Madlener im Ars sacra Verlag,
Mindelheim 2024
Joseph Kiermeier-Debre u.a.: Josef Madlener: Mein Kosmos, Köln,
Weimar, Wien, 2007

Franz Bernhard Weißhaar (*1933)

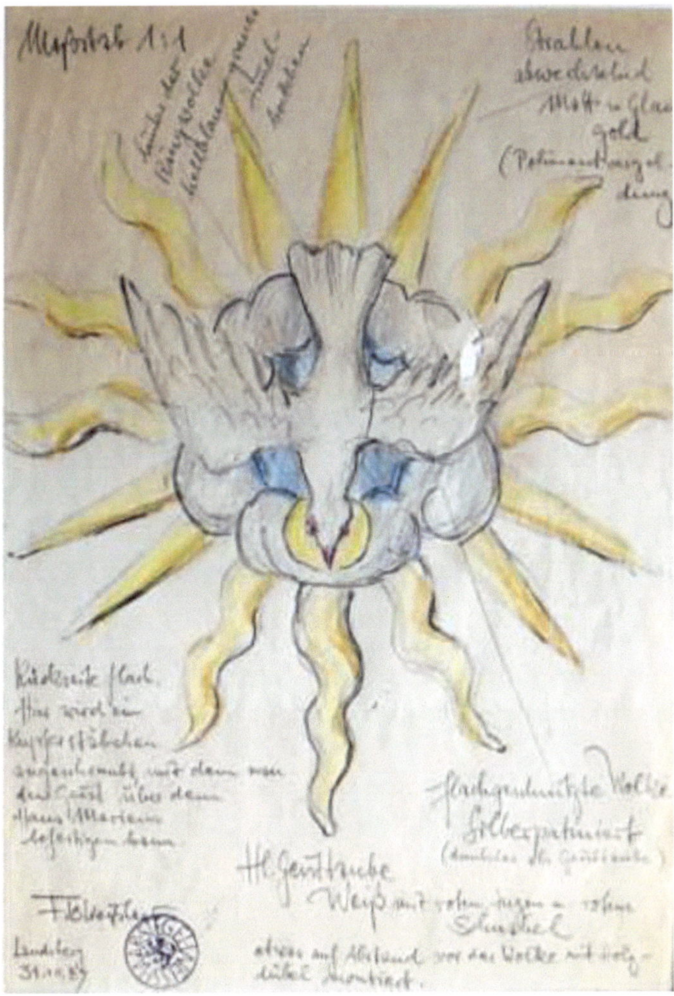

Bleistift, Wasserfarbe auf Papier, 20,8 x 29,5 cm; sig: *F.Weißhaar 31.10.,[19]89*
Entwurf für eine geschnitzte, gefaßte Hl.-Geist-Taube. Auf dem Entwurf ist vermerkt: *…mit dem man den Geist über dem Haus Mariens befestigen kann.*

Sebastian Jaud (1751 – 1824)

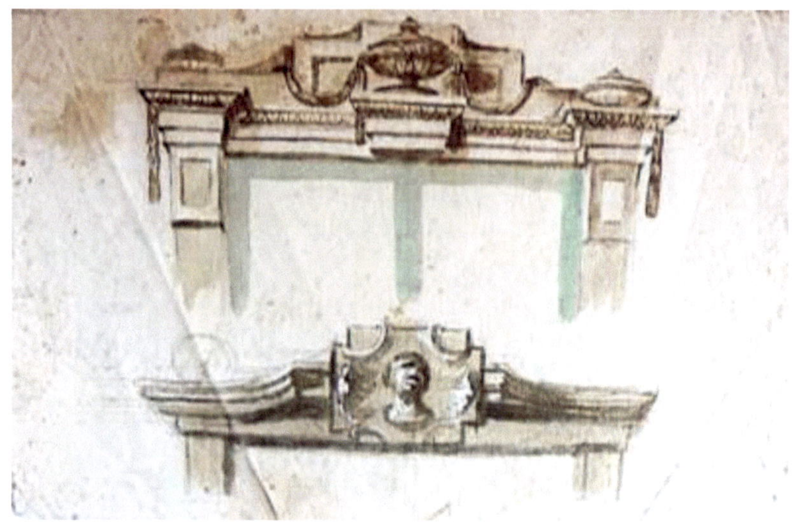

Bleistift, Tinte, Wasserfarbe, weiß gehöht, auf Papier; 25 x 20 cm

Studien zu Schrankaufsätzen. Auch die Rückseite erhält Bleistiftstudien. Stilistische lassen die klassizistischen Ornamente das Blatt auf Anfang des 19. Jahrhundert datieren.

Literatur: Alois Epple: Sebastian Jaud (1751 – 1824) ein Wessobrunner Maler, St. Ottilien 1986

Skizzen

Folgende Bleistiftskizzen wurden um 1975 auf der Auer Dult in München erworben. Der Zeichner ist unbekannt

Bleistift auf Papier, Vorder- und Rückseite, 19 x 14,4 cm
mehrere Personen sitzen an einem Tisch

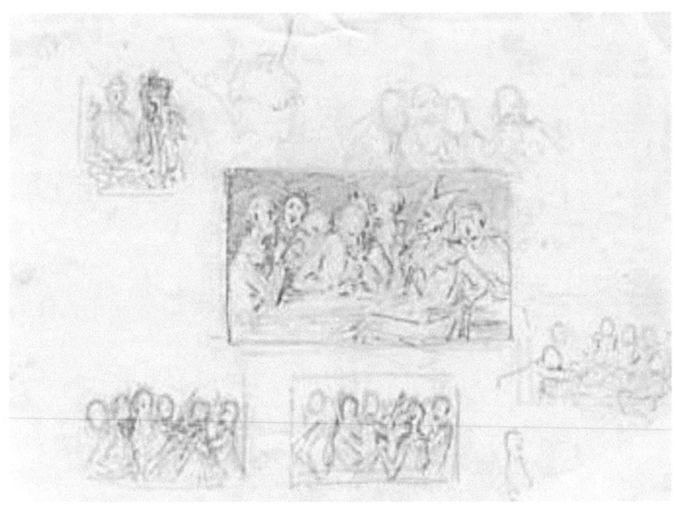

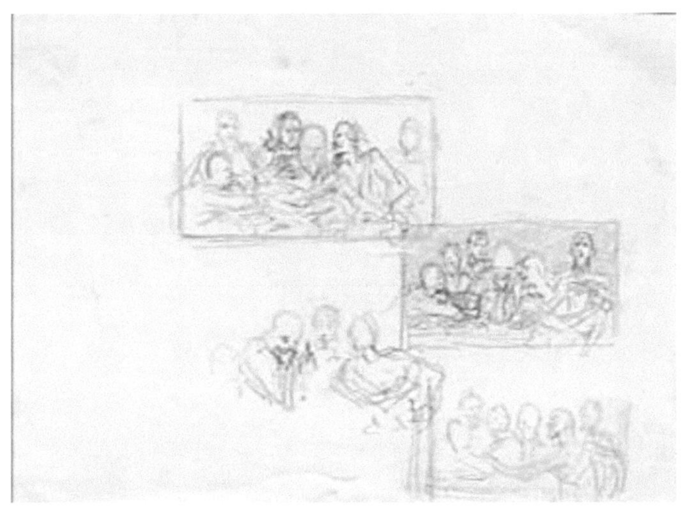

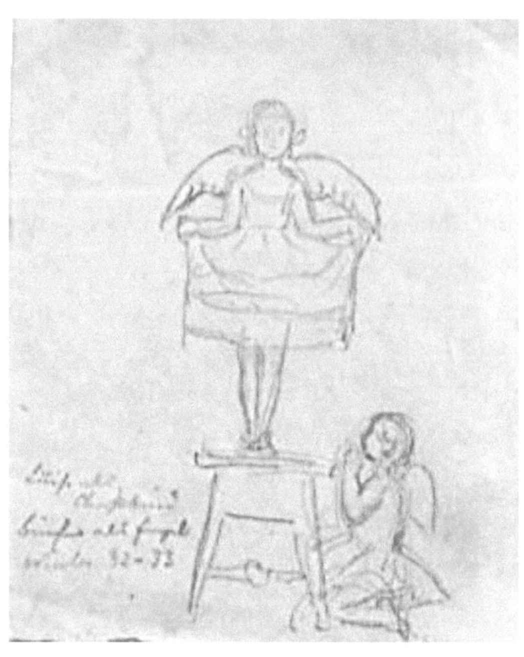

Bleistift auf Papier, 10 x 12 dm, beschriftet: *Luise als Christkind Bienchen als Engel Winter 32-33*

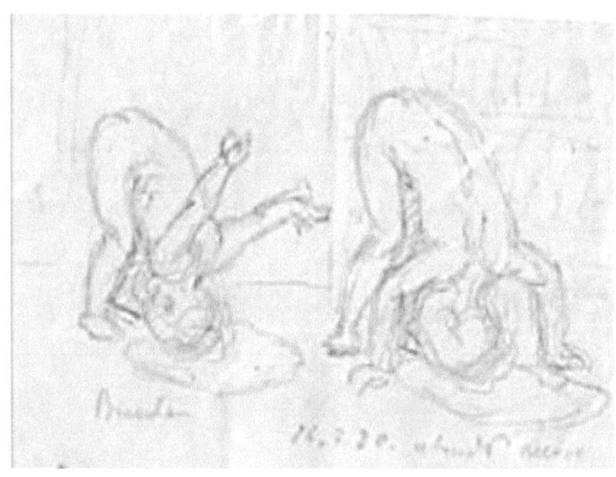

Bleistift auf Papier, 13x2 x 9,1, beschriftet: 16.9.30 abends Luise / Bienchen

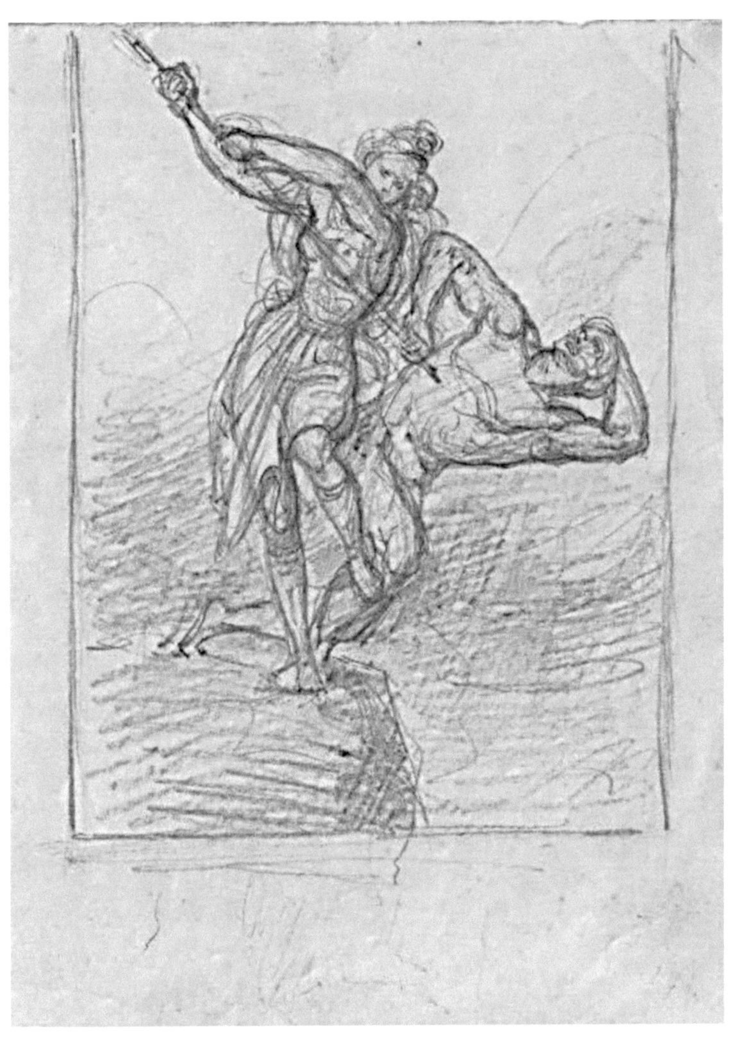

Bleistift auf Papier, 11 x 14,7 cm
Wohl der hl. Michael stößt den Teufel von einer Klippe

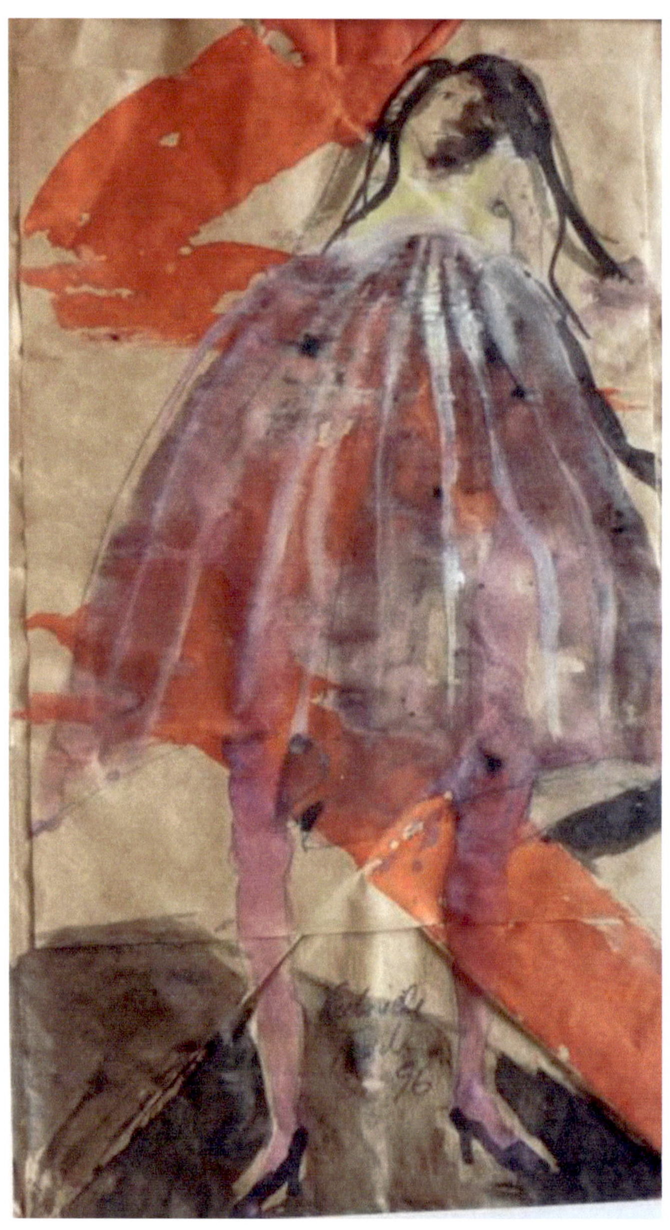

Gouach auf Packpapier, ausgestellt in der schwäbischen Kunstausstellung in Augsburg, um 1997, sig. (unleserlich [19] *96*

Hanna Nagel (1907 - 1975

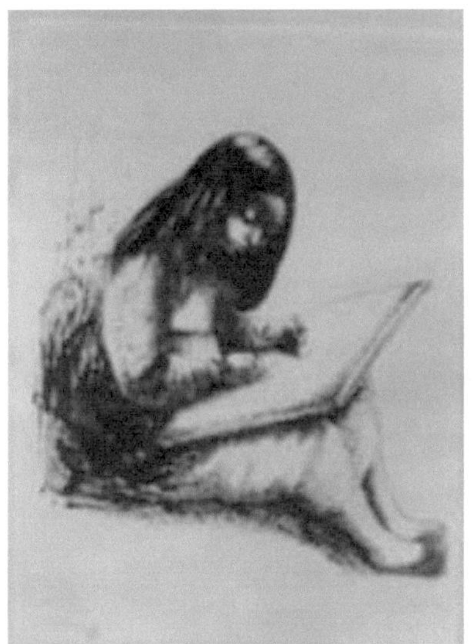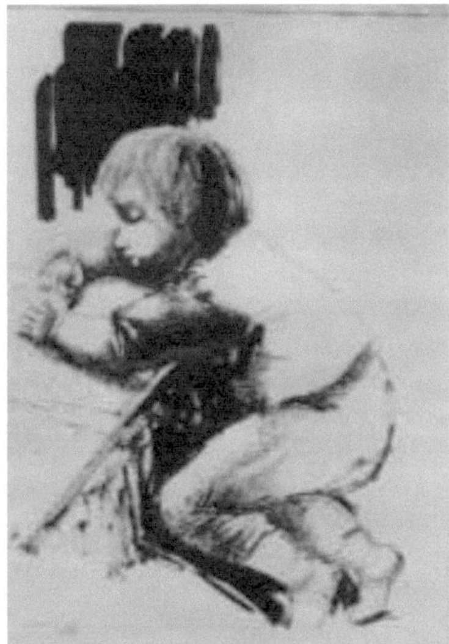

Zwei malende Kinder, Lithographien, 34 x 49 cm, beide u.li. mit Bleistift sig., erworben in Kempten 1970

Josef Schugg (1921 – 1994)

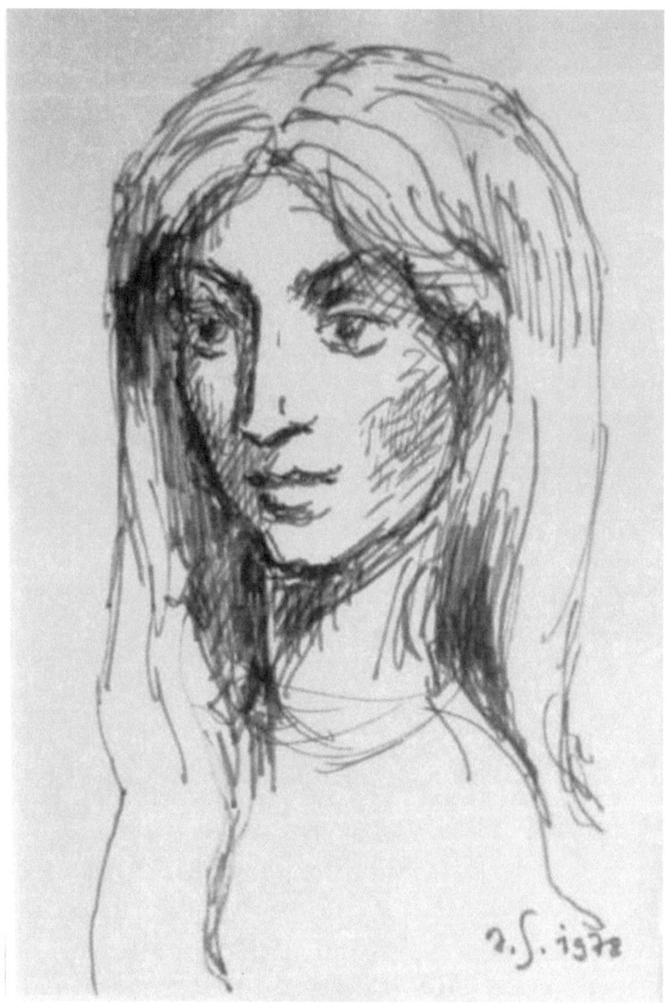

brauner Filzstift auf Papier, 15,4 x 19 cm; bezeichnet: *J.*[Josepf] *S.*[Schugg]
1978

Den Restaurator und Maler kannte ich seit ungefähr 1970. Seitdem besuchten wir ihn ungefähr einmal im Jahr in Kimratshofen. Ich ließ einige Figuren der Türkheimer Pfarrkirchekrippe bei ihm restaurieren. Er porträtierte auch meine Schwester Aloisia Berghammer.

Christian Stichter (* 1954)

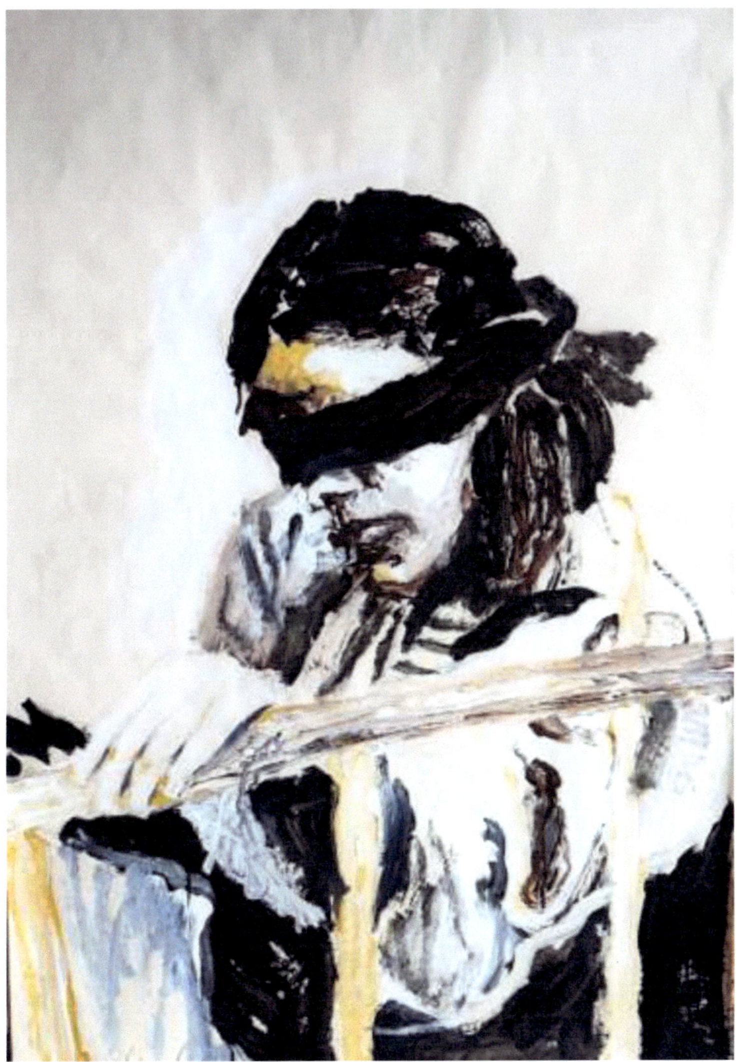

Acryl auf Papier, 68 x 100 cm; sig: *Ch Stichter* [19]92

Lit.: Christian Stichter – Malerei 2005 – 2007, Kunstgeschichtliches aus
Landsberg am Lech, Nr. 40, Landsberg 2007

Luigi Malipiero (1901 – 1975)

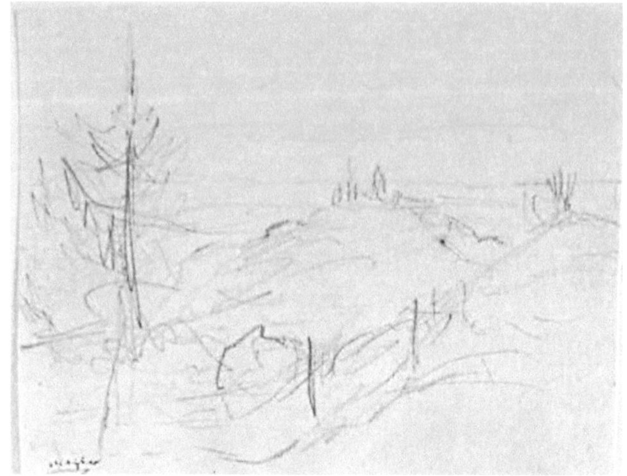

Bleistift auf Papier, 15,6 x 11,6 cm; sig. (u.li.) *Malipiero*

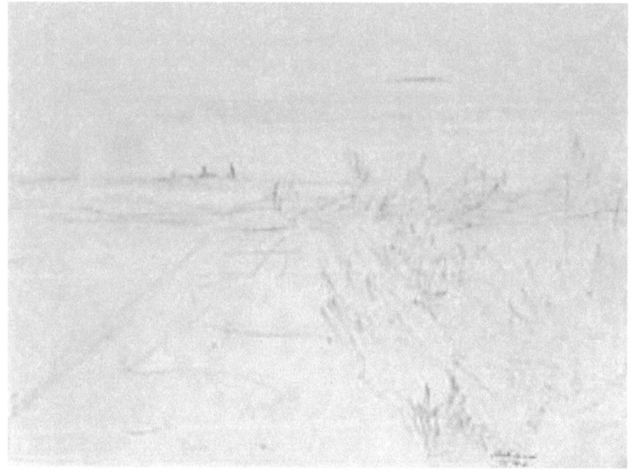

Bleistift auf Papier, 11,8 x 8,4 cm; sig (u.re.) *Malipiero ?*

Um 1974 machte ich mit einigen Studenten einen Ausflug ins Weinfränkische. Dort besuchten wir auch eine Aufführung im Torturmtheater in Sommerhausen. Bei dieser Gelegenheit erwarb ich diese flüchtigen Bleistiftskizzen von Luici Malipiero.

Karl Woitassek

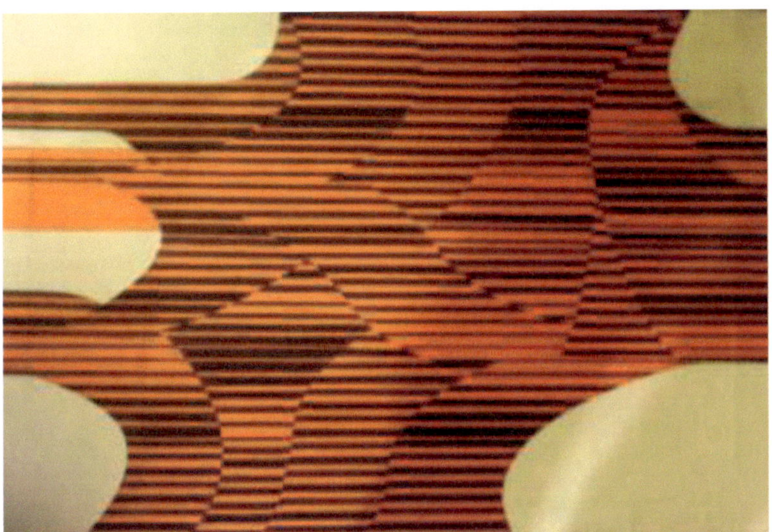

Acryl auf Lwd., 90,5 x 61 cm

Der Künstler, welcher auch an der Münchner Kunstakademie studierte, wohnte mit mir in einem Studentenwohnheim (Maßmannheim in der Heßstr.) in München. Ich konnte ihm dieses Bild für 50.- DM abkaufen. Er erklärte mir den Inhalt: Linien fließen in das Bild, werden dort in Unordnung gebracht und verlassen dann das Bild wieder einigermaßen geordnet.

Joachim Edelmeier (* 1949)

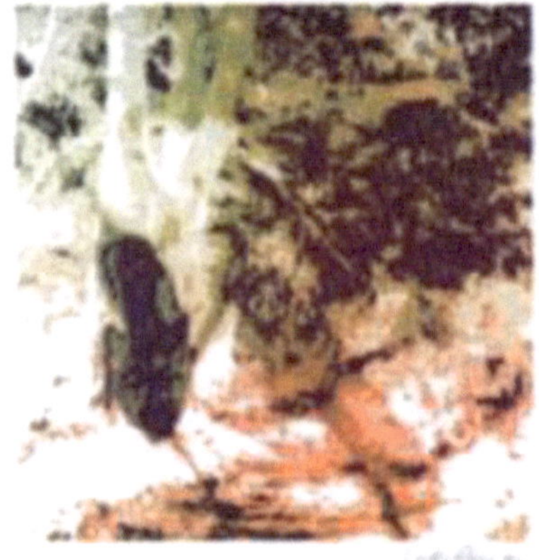

Holzschnitt, 13,5 x 13,6 cm (20 x 20 cm), beschriftet: Joachim Feldmeier 1999

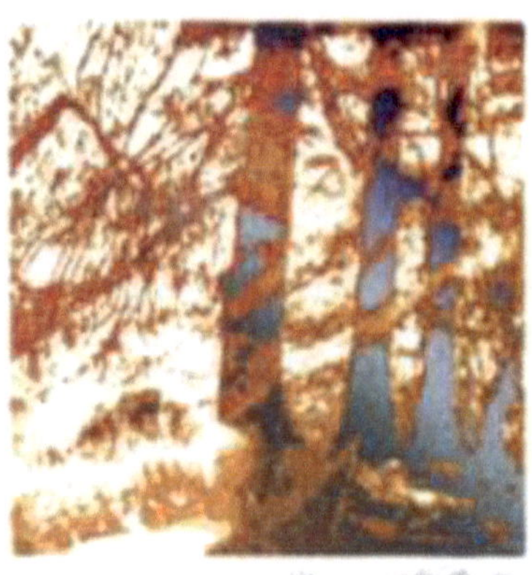

Holzschnitt, 13,5 x 13,6 cm (20 x 20 cm), beschriftet: Joachim Feldmeier 1999, 10/30

Anlässlich des 50. Geburtstages von Joachim Edelmeier 1999 fand eine Ausstellung des Künstlers im Kleinen Schloss in Türkheim statt. Hierzu erschien auch eine Katalog mit den hier abgebildeten signierten Künstlerabzügen von fünf Druckstöcken.

Martin Gensbaur (*1958)

Natura morta 1994
Aquatinta, beschriftet: *4/10 G[ensbaur]*
Diese Edition Nummer 4 widme ich meinem Kollegen, Herrn Alois Epple, mit
Dank für die Anerkennung meiner Kunst
Landsberg im Mai [19]94
Martin Gensbaur

Lit.: Martin Gensbaur, Kunstgeschichtliches aus Landsberg am Lech, Beiträge zur Kunstgeschichte und Volkskunde. Nr. 11, 994

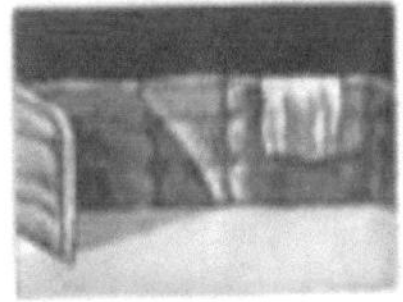

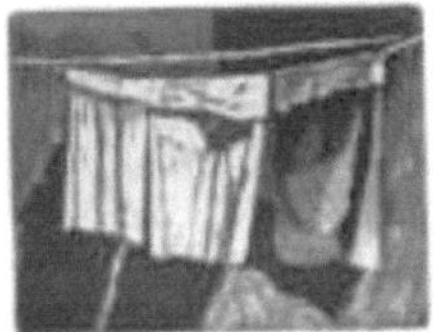

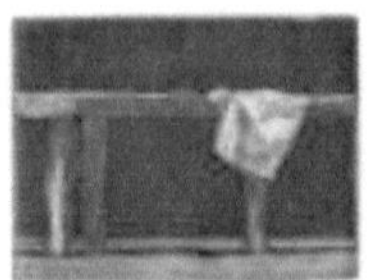

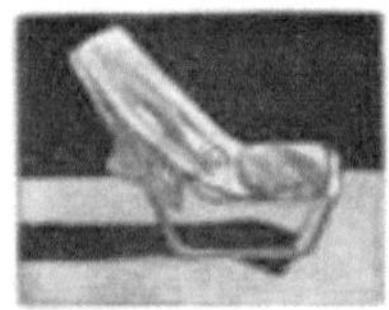

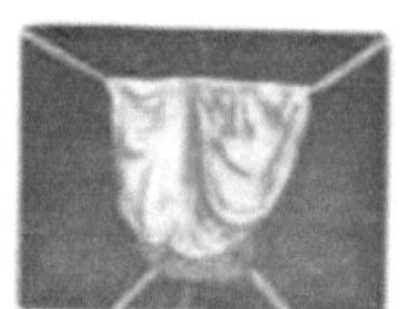

Anhang

Alois Epple sen. (1897 – 1968)

Alois Epple malte nach dem Krieg aus der Erinnerung das ehem. KZ bei Türkheim (Kaufering VI). Immer wieder findet man eines dieser Bilder abgebildet ohne Angabe der Herkunft. Deshalb seien diese Bilder hier abgebildet.

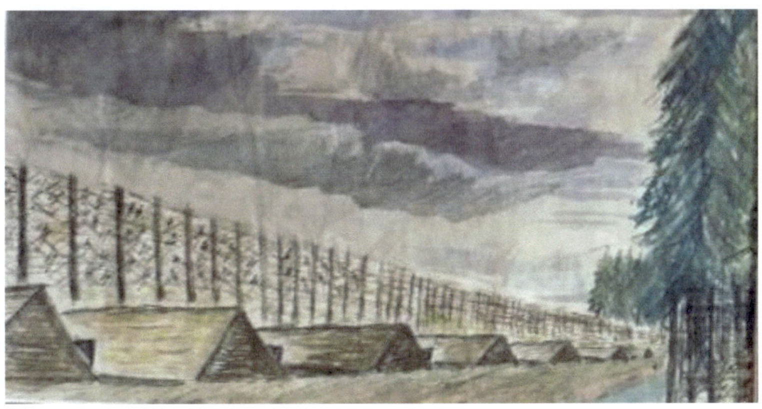

Gouache auf Papier, 26,3 x 13,5 cm

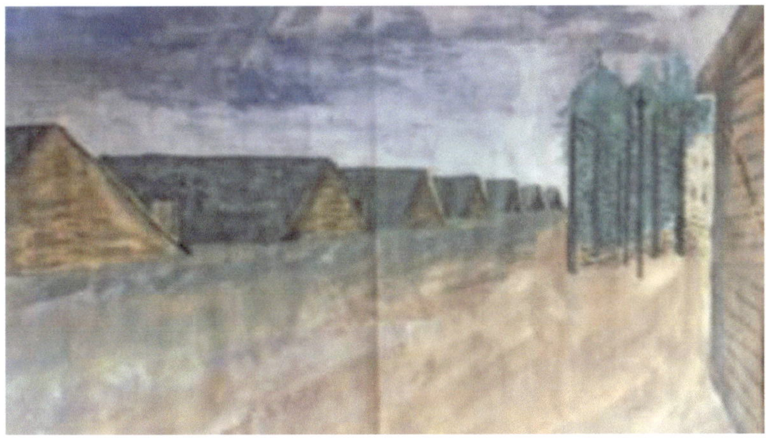

Gouache auf Papier, 39 x 21,5 cm

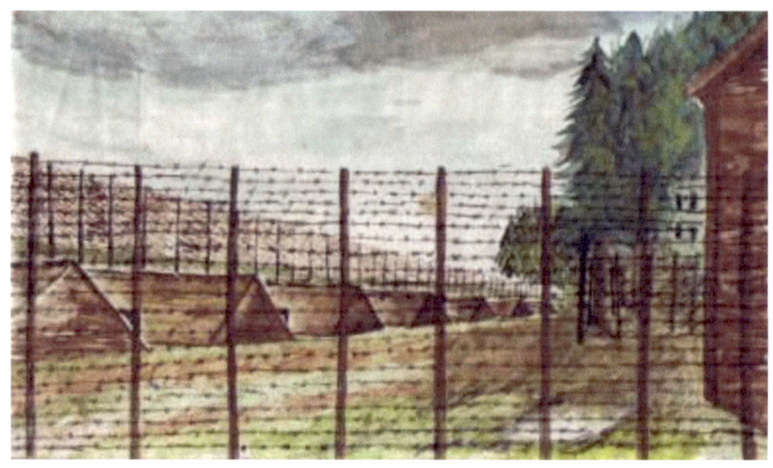

Gouache auf Papier, 27,5 x 16 cm